行政执法文书实务指南系列

环境
行政执法文书样式
制作规范与法律依据

HUANJING XINGZHENG ZHIFA WENSHU YANGSHI
ZHIZUO GUIFAN YU FALü YIJU

法律应用研究中心◎编

中国法制出版社
CHINA LEGAL PUBLISHING HOUSE

目　　录

关于印发《环境行政执法文书制作指南》的通知（2016 年 5 月 24 日） …… 001

前　言 …… 002

1. 立案审批表 …… 003
2. 销案审批表 …… 006
3. 现场检查（勘察）笔录 …… 009
4. 调查询问笔录 …… 013
5. 采样取证登记单 …… 017
6. 现场照片（图片、影像资料）证据 …… 020
7. 先行登记保存证据通知书 …… 023
8. 解除先行登记保存证据通知书 …… 026
9. 案件处理内部审批表（通用） …… 029
10. 责令改正违法行为决定书 …… 035
11. 行政处罚案件调查报告 …… 040
12. 行政处罚事先（听证）告知书 …… 043
13. 行政处罚听证通知书 …… 046
14. 听证笔录 …… 049
15. 听证报告 …… 052
16. 案件集体讨论笔录 …… 055
17. 行政处罚决定书 …… 058
18. 送达回证 …… 063
19. 同意分期（延期）缴纳罚款通知书 …… 067
20. 行政处罚案件结案审批表 …… 070
21. 当场行政处罚决定书 …… 074
22. 按日连续处罚决定书 …… 079
23. 查封（扣押）决定书 …… 084

24. 查封、扣押清单 …… 089
25. 查封（扣押）延期通知书 …… 092
26. 解除查封（扣押）决定书 …… 094
27. 移送涉嫌环境违法适用行政拘留处罚案件审批表 …… 097
28. 涉嫌环境违法适用行政拘留处罚案件移送书 …… 099
29. 涉嫌环境违法适用行政拘留处罚案件移送材料清单 …… 105
30. 责令停产整治决定书 …… 107
31. 责令限制生产决定书 …… 111
32. 督促履行义务催告书 …… 115
33. 行政处罚强制执行申请书 …… 117

附录一：典型案例

一、优化执法方式第一批典型案例 …… 121
1. 浙江杭州通过“环保码”非现场执法查获环境犯罪案件 …… 121
2. 江苏南通治污设施用电量连续23小时为零被处罚案件 …… 122
3. 广西桂林利用无人机查获危险废物环境违法犯罪案件 …… 122
4. 贵州六盘水通过平台异常报警信息查处企业私设暗管非法排污案件 …… 123
5. 福建泉州利用烟气自动监控数据查处陶瓷企业超标排污案件 …… 124
6. 湖北宜昌破获非法篡改自动监控数据超标排污案件 …… 124
二、优化执法方式第二批典型案例 …… 125
1. 四川省利用视频监控系统查处超标排污和篡改伪造自动监测数据违法行为 …… 125
2. 河北保定通过分表计电系统精准打击未按照应急预案落实限产、停产措施的违法行为 …… 126
3. 浙江宁波破获利用奇偶时段干扰在线监测数据案 …… 127
4. 浙江温州利用“自动监控+无人机”查获私设暗管排污案 …… 127
5. 浙江湖州利用自巡查系统破获企业超标排放水污染物、运营单位干扰在线监控设施案 …… 128
6. 福建三明强化行刑衔接机制，专案查办危险废物非法倾倒涉嫌污染环境犯罪 …… 129
7. 湖北襄阳联合公检机关破获跨省非法处置废矿物油案 …… 130
8. 湖北黄石发挥第三方监测作用，执法帮扶并重 …… 130

三、优化执法方式第三批典型案例 …… 131
1. 浙江舟山通过陆海统筹协同系统查获干扰自动监测设施案 …… 131
2. 浙江丽水通过信息化手段查获机动车检测机构出具虚假检验报告案 …… 132
3. 福建南平使用无人机查获三家非法排污企业 …… 133
4. 辽宁营口通过“高空视频”查处“散乱污”企业 …… 133
5. 江苏苏州运用“用电监控预警”查处治污设施不正常运行案 …… 134
四、优化执法方式第四批典型案例 …… 135
1. 福建晋江运用“河道哨兵”精准发现线索查处违法排放水污染物案 …… 135
2. 黑龙江佳木斯严厉打击以逃避监管的方式排放水污染物案 …… 136
3. 江苏常州严厉打击非法处置危险废物案 …… 136
4. 湖北潜江未按规定设置危险废物识别标志不予处罚案件 …… 137
5. 浙江温州对群众举报某加工点规避监管排放有毒有害物质案件实施奖励 …… 138
6. 新疆克拉玛依对群众举报非法收集废机油案件实施奖励 …… 139

附录二：相关规范

中华人民共和国行政处罚法 …… 140
（2021 年 1 月 22 日）
中华人民共和国行政强制法 …… 154
（2011 年 6 月 30 日）
环境保护主管部门实施查封、扣押办法 …… 167
（2014 年 12 月 19 日）
环境保护主管部门实施按日连续处罚办法 …… 171
（2014 年 12 月 19 日）
环境保护主管部门实施限制生产、停产整治办法 …… 174
（2014 年 12 月 19 日）
环境行政处罚办法 …… 177
（2010 年 1 月 19 日）
行政主管部门移送适用行政拘留环境违法案件暂行办法 …… 191
（2014 年 12 月 24 日）

关于印发《环境行政执法文书制作指南》的通知[①]

环办环监〔2016〕55号

各省、自治区、直辖市环境保护厅（局），新疆生产建设兵团环境保护局，副省级城市环境保护局，环境保护部各环境保护督查中心：

为加强对环境行政执法文书制作的规范和指导，配合《环境保护法》及其配套办法的贯彻实施，我部编制了《环境行政执法文书制作指南》。现印发给你们，请根据各地环境行政执法工作实际，参照执行。《环境行政处罚主要文书制作指南》（环办〔2010〕51号）同时废止。

附件：环境行政执法文书制作指南

环境保护部办公厅
2016年5月24日

① 附件略，请参见下文文书与【制作指南】部分，相应【法律依据】为编者所加，方便读者使用。

前　　言[①]

为贯彻执行《环境保护法》及其配套规定，依据《行政处罚法》和《行政强制法》以及《环境保护行政处罚办法》[②] 等有关法律、法规和规章的规定，制定本指南。

本指南收录33个表格样式，用于各地环境保护主管部门实施行政处罚、行政命令、行政强制以及涉嫌环境犯罪案件移送等执法文书制作。

各地可以结合环境执法工作实际，参照适用。

本指南由环境保护部环境监察局负责解释。

---

① 此为《环境行政执法文书制作指南》中的前言，载生态环境部网站，https：//www. mee. gov. cn/gkml/hbb/bgt/201910/t20191009_ 736819. htm，最后访问时间：2021年11月3日。

② 根据2009年12月30日通过的《环境行政处罚办法》，1999年8月6日原国家环境保护总局发布的《环境保护行政处罚办法》已废止。

1. 立案审批表

×××环境保护厅（局）
立案审批表

<table>
<tr><td>案件来源</td><td colspan="2"></td><td>立案号</td><td></td></tr>
<tr><td>案　　由</td><td colspan="4"></td></tr>
<tr><td rowspan="5">当事人</td><td>名称或姓名</td><td colspan="3"></td></tr>
<tr><td>地址（住址）</td><td></td><td>邮政编码</td><td></td></tr>
<tr><td>营业执照注册号（公民身份号码）</td><td></td><td>组织机构代码</td><td></td></tr>
<tr><td>社会信用代码</td><td colspan="3"></td></tr>
<tr><td>法定代表人（负责人）</td><td></td><td>职 务</td><td></td></tr>
<tr><td>案情简介及立案理由</td><td colspan="4">承办人：
年　　月　　日</td></tr>
<tr><td>承办机构负责人意见</td><td colspan="4">签　名：
年　　月　　日</td></tr>
<tr><td>环保部门负责人审批意见</td><td colspan="4">签　名：
年　　月　　日</td></tr>
<tr><td>备　注</td><td colspan="4"></td></tr>
</table>

【制作指南】

一、适用范围

（一）环保部门内部文书。

（二）适用于对环境违法案件的立案审批。

二、文书内容

（一）有环保部门名称、文书名称和立案号。

（二）有案件来源信息。如检查发现、投诉举报、来信来访、媒体披露、上级交办、有关部门移送等途径。

（三）有案由信息。书写形式为："涉嫌+违法行为类别+案"，如"涉嫌违反环评制度案""涉嫌违法排放污染物案""涉嫌违反排污申报登记制度案""涉嫌违反排污收费制度案""涉嫌违反现场检查制度案"等。

（四）有当事人信息。根据案件线索，写明已经掌握的当事人信息；尚未掌握的，可不填写。

当事人为法人或组织的，写明单位名称（与营业执照一致）、住址（与营业执照一致）、邮政编码、营业执照注册号、组织机构代码（实行了"三码合一"的填写社会信用代码，不再填写营业执照注册号、组织机构代码）、法定代表人（负责人）姓名及职务；当事人为公民或者个体工商户、个人合伙的，注明姓名（营业执照中有字号的应注明登记的字号）、公民身份号码、住址（与居民身份证、营业执照一致）。无营业执照的填写实际地址。

（五）有案情信息。根据案件线索，写明已经掌握的案情信息；尚未掌握的，可不填写。

一是案件来源信息。如检查发现的填写检查机关、检查时间、地点和检查结果；投诉举报和来信来访的填写收到时间和反映的情况（投诉人姓名可不填）；媒体披露的填写媒体名称和期号；上级交办和有关部门移送的填写收到时间、机关名称。

二是违法行为信息。如违法行为的发生时间、地点、行为等基本情况；承办人对违法事实、情节的初步判断，写明当事人可能违反的法律、法规、规章的名称及具体条款。

（六）有立案理由。如初步判断符合《环境行政处罚办法》第二十二条规定的立案条件。

（七）有承办人建议立案与否的意见、签名及日期。

（八）有承办机构负责人同意或不同意立案的意见、签名及日期。

（九）有环保部门负责人同意或不同意立案的审批意见、签名及日期。

（十）备注栏可视情况填写其他有关信息。

三、注意事项

（一）立案应当符合《环境行政处罚办法》第二十二条规定的全部四项条件：1. 有涉嫌违反环境保护法律、法规和规章的行为；2. 依法应当或者可以给予行政处罚；3. 属于本机关管辖；4. 违法行为发生之日起到被发现之日止未超过 2 年（法律另有规定的除外）。

（二）立案审查应指定 2 名以上案件审查人员，并在 7 个工作日内完成。

（三）对需要立即查处的环境违法行为，可以按照《环境行政处罚办法》第二十四条的规定先行调查取证，然后 7 日内补办立案手续。

（四）不符合立案条件，但属其他机关管辖的，移送有管辖权的机关。

（五）对于已立案的案件，非经审批程序不得随意撤案。

（六）本文书原件随卷归档。

【法律依据】

1.**《中华人民共和国行政处罚法》**（2021 年 1 月 22 日）

第五十四条　除本法第五十一条规定的可以当场作出的行政处罚外，行政机关发现公民、法人或者其他组织有依法应当给予行政处罚的行为的，必须全面、客观、公正地调查，收集有关证据；必要时，依照法律、法规的规定，可以进行检查。

符合立案标准的，行政机关应当及时立案。

2.**《环境行政处罚办法》**（2010 年 1 月 19 日）

第二十二条　**【立案条件】**环境保护主管部门对涉嫌违反环境保护法律、法规和规章的违法行为，应当进行初步审查，并在 7 个工作日内决定是否立案。

经审查，符合下列四项条件的，予以立案：

（一）有涉嫌违反环境保护法律、法规和规章的行为；

（二）依法应当或者可以给予行政处罚；

（三）属于本机关管辖；

（四）违法行为发生之日起到被发现之日止未超过 2 年，法律另有规定的除外。违法行为处于连续或继续状态的，从行为终了之日起计算。

第二十四条　**【紧急案件先行调查取证】**对需要立即查处的环境违法行为，可以先行调查取证，并在 7 个工作日内决定是否立案和补办立案手续。

2. 销案审批表

×××环境保护厅（局）
销案审批表

<table>
<tr><td>案件来源</td><td colspan="2"></td><td>原立案号</td><td></td></tr>
<tr><td>案　　由</td><td colspan="4"></td></tr>
<tr><td rowspan="5">当事人</td><td>名称或姓名</td><td colspan="3"></td></tr>
<tr><td>地址（住址）</td><td></td><td>邮政编码</td><td></td></tr>
<tr><td>营业执照注册号
（公民身份号码）</td><td></td><td>组织机构代码
（行业）</td><td></td></tr>
<tr><td>社会信用代码</td><td colspan="3"></td></tr>
<tr><td>法定代表人
（负责人）</td><td></td><td>职 务</td><td></td></tr>
<tr><td>销案理由</td><td colspan="4"></td></tr>
<tr><td>承办人
意 见</td><td colspan="4">签　名：
年　　月　　日</td></tr>
<tr><td>承办机构负责人
意见</td><td colspan="4">签　名：
年　　月　　日</td></tr>
<tr><td>环保部门负责人
审批意见</td><td colspan="4">签　名：
年　　月　　日</td></tr>
<tr><td>备　注</td><td colspan="4"></td></tr>
</table>

【制作指南】

一、适用范围

（一）环保部门内部文书。

（二）适用于撤销立案的审批。

二、文书内容

（一）有环保部门名称、文书名称和原立案号。

（二）有案件来源信息。如检查发现、投诉举报、来信来访、媒体披露、上级交办、有关部门移送等途径。

（三）有案由信息。书写形式为："涉嫌+违法行为类别+案"，如"涉嫌违反环评制度案""涉嫌违法排放污染物案""涉嫌违反排污申报登记制度案""涉嫌违反现场检查制度案"等。

（四）有当事人信息。根据案件线索，写明已经掌握的当事人信息；尚未掌握的，可不填写。

当事人为法人或组织的，写明单位名称（与营业执照一致）、住址（与营业执照一致）、邮政编码、营业执照注册号、组织机构代码（实行了"三码合一"的填写社会信用代码，不再填写营业执照注册号、组织机构代码）、法定代表人（负责人）姓名及职务；当事人为公民或者个体工商户、个人合伙的，注明姓名（营业执照中有字号的应注明登记的字号）、公民身份号码、住址。无营业执照的填写实际地址。

（五）有案情信息。根据案件线索，写明已经掌握的案情信息；尚未掌握的，可不填写。

一是案件来源信息。如检查发现的填写检查机关、检查时间、地点和检查结果；投诉举报和来信来访的填写收到时间和反映的情况（投诉人姓名可不填）；媒体披露的填写媒体名称和期号；上级交办和有关部门移送的填写收到时间、机关名称。

二是违法行为信息。如违法行为的发生时间、地点、行为等基本情况。

（六）有销案理由。如立案后根据新情况发现不符合《环境行政处罚办法》第二十二条规定的立案条件之一。

（七）有承办人建议撤销立案与否的意见、签名及日期。

（八）有承办机构负责人同意或不同意撤销立案的意见、签名及日期。

（九）有环保部门负责人同意或不同意撤销立案的审批意见、签名及日期。

（十）备注栏可视情况填写其他有关信息。

三、注意事项

（一）已经立案的，非经审批程序不得撤销立案。

（二）撤销立案的审批程序与立案审批程序相同，撤销条件为根据新情况发现不符合《环境行政处罚办法》第二十二条规定的立案条件之一。

（三）销案审查应指定 2 名以上案件审查人员。

（四）本文书原件随卷归档。

【法律依据】

1. **《中华人民共和国行政处罚法》**（2021 年 1 月 22 日）

第五十四条 除本法第五十一条规定的可以当场作出的行政处罚外，行政机关发现公民、法人或者其他组织有依法应当给予行政处罚的行为的，必须全面、客观、公正地调查，收集有关证据；必要时，依照法律、法规的规定，可以进行检查。

符合立案标准的，行政机关应当及时立案。

2. **《环境行政处罚办法》**（2010 年 1 月 19 日）

第二十二条 【立案条件】环境保护主管部门对涉嫌违反环境保护法律、法规和规章的违法行为，应当进行初步审查，并在 7 个工作日内决定是否立案。

经审查，符合下列四项条件的，予以立案：

（一）有涉嫌违反环境保护法律、法规和规章的行为；

（二）依法应当或者可以给予行政处罚；

（三）属于本机关管辖；

（四）违法行为发生之日起到被发现之日止未超过 2 年，法律另有规定的除外。违法行为处于连续或继续状态的，从行为终了之日起计算。

第二十三条 【撤销立案】对已经立案的案件，根据新情况发现不符合第二十二条立案条件的，应当撤销立案。

3. 现场检查（勘察）笔录

×××环境保护厅（局）
现场检查（勘察）笔录

时间：______年____月____日____时____分至____时____分

地点：____

被检查（勘察）人名称或姓名：______________________________

现场负责人：__________电话：____________________邮编：____________

工作单位：____________________________________职务：____________

检查（勘察）人及执法证编号：__________________________、__________

记录人：______________工作单位：__________________________________

告知事项：我们是____________环境保护厅（局）的行政执法人员，这是我们的执法证件（执法证编号：__________________、________________）。请过目确认：____

今天我们依法进行检查并了解有关情况，你应当配合调查，如实提供材料，不得拒绝、阻碍、隐瞒或者提供虚假情况。如果你认为检查人与本案有利害关系，可能影响公正办案，可以申请回避，并说明理由。请确认：__________

现场情况：____

____

____

____

被检查（勘察）人或现场负责人确认意见：______________________

被检查（勘察）人或现场负责人签字：____________ ______年____月____日

检查（勘察）人签字：____________、____________ ______年____月____日

记录人签字：__________________________________ ______年____月____日

参加人签字：__________________________________ ______年____月____日

第　　页共　　页

【制作指南】

一、适用范围

（一）环保部门内部文书。

（二）适用于调查人员取证，记录调查人员对违法嫌疑人的生产经营场所、污染受害现场等有关现场进行检查（勘察）的过程和发现的情况。

二、文书内容

（一）有环保部门名称、文书名称。

（二）有准确的现场检查（勘察）起止时间、地点。

（三）有检查（勘察）人、记录人基本信息，如姓名、执法证号、工作单位。

（四）有被检查（勘察）人、当时在场的现场负责人的基本信息。如姓名、年龄、公民身份号码、工作单位等。与本案关系是指现场负责人在本案中的身份，如违法嫌疑单位的工作人员、污染受害人、证人等。

现场负责人不在场的，可不填写现场负责人信息。

（五）有向现场负责人出示执法证件、表明身份的记录和现场负责人的确认记录，如“我们是××环境保护局的行政执法人员，这是我们的执法证件（向当事人出示证件，并记录持证人员姓名和执法证件号），请过目确认”和“我确认”。

暗查等无法出示和确认的情形除外。

（六）有告知现场检查人申请回避权利和配合调查义务的记录，如“今天我们依法进行检查并了解有关情况，你应当配合调查，如实回答询问和提供材料，不得拒绝、阻碍、隐瞒或者提供虚假情况。如果你认为我们与本案有利害关系，可能影响公正办案，可以申请我们回避，并说明理由。”

暗查等无法告知的情形除外。

（七）有现场情况，包括有关的设施物品名称、数据、位置、状态、完好程度等，可附示意图，属生产经营场所的，还应有方位图。

（八）有被检查（勘察）人对笔录的审阅确认意见，并逐页签名、注明日期。被检查（勘察）人无异议的，注明“以上笔录已阅无误，情况属实”；被检查（勘察）人有异议的，注明异议内容；被检查（勘察）人拒不签字的，由执法人员注明。

（九）有检查（勘察）人、记录人的逐页签名，并注明日期。

（十）有其他参加人的，填写其他参加人姓名、工作单位；无工作单位的，填写居住地址。其他参加人也逐页签名，并注明日期。

三、注意事项

（一）笔录字迹要端正，保证可以正常阅读，笔录不能随意空行，空白处注明“以下空白”或者划有斜线。

（二）笔录必须当场制作，不得事后补记、增删。当场有修改的，由检查（勘察）人在修改处签名或者压指印。一个案件有多处现场的，应分别当场制作笔录；对现场需进行多次检查的，每次均应制作笔录。

（三）现场检查（勘察）必须有两名以上（含两名）持合法有效执法证件的行政执法人员同时在场进行。

（四）符合《环境行政处罚办法》第八条规定回避条件的，调查人员应当自行回避；当事人申请其回避，应当审查同意。

回避条件为以下之一：1. 本案当事人或者当事人近亲属的；2. 本人或者近亲属与本案有直接利害关系的；3. 法律、法规或者规章规定的其他回避情形。

（五）执法人员现场采样取证的，应在现场检查（勘察）笔录中载明采样情况。

（六）笔录应当全面、如实记录现场检查（勘察）发现的情况。

（七）为增加证明力，可要求被检查（勘察）人加盖公章。

（八）可以采取拍照、录像或者其他方式记录检查（勘察）情况。

（九）如被检查人拒绝签字的，应由行政执法人员在笔录中注明情况，并请在场人签名。

（十）本文书原件随卷归档。

【法律依据】

1. **《中华人民共和国行政处罚法》**（2021 年 1 月 22 日）

第四十三条 执法人员与案件有直接利害关系或者有其他关系可能影响公正执法的，应当回避。

当事人认为执法人员与案件有直接利害关系或者有其他关系可能影响公正执法的，有权申请回避。

当事人提出回避申请的，行政机关应当依法审查，由行政机关负责人决定。决定作出之前，不停止调查。

第四十六条 证据包括：

（一）书证；

（二）物证；

（三）视听资料；

（四）电子数据；

（五）证人证言；

（六）当事人的陈述；

（七）鉴定意见；

（八）勘验笔录、现场笔录。

证据必须经查证属实，方可作为认定案件事实的根据。

以非法手段取得的证据，不得作为认定案件事实的根据。

2.**《环境行政处罚办法》**（2010 年 1 月 19 日）

第八条 【回避情形】 有下列情形之一的，案件承办人员应当回避：

（一）是本案当事人或者当事人近亲属的；

（二）本人或者近亲属与本案有直接利害关系的；

（三）法律、法规或者规章规定的其他回避情形。

符合回避条件的，案件承办人员应当自行回避，当事人也有权申请其回避。

第三十一条 【当事人配合调查】 当事人及有关人员应当配合调查、检查或者现场勘验，如实回答询问，不得拒绝、阻碍、隐瞒或者提供虚假情况。

第三十二条 【证据类别】 环境行政处罚证据，主要有书证、物证、证人证言、视听资料和计算机数据、当事人陈述、监测报告和其他鉴定结论、现场检查（勘察）笔录等形式。

证据应当符合法律、法规、规章和最高人民法院有关行政执法和行政诉讼证据的规定，并经查证属实才能作为认定事实的依据。

第三十三条 【现场检查笔录】 对有关物品或者场所进行检查时，应当制作现场检查（勘察）笔录，可以采取拍照、录像或者其他方式记录现场情况。

4. 调查询问笔录

×××环境保护厅（局）
调查询问笔录

时间：________年______月______日______时______分至______时______分
地点：____
被调查询问人：________性别：____年龄：____身份证号码：____________
工作单位：____________________职务：______________电话：__________
地址：____邮编：______________
调查询问人及执法证编号：________________________________、__________
记录人：______________工作单位：____________________________________
执法人员表明身份、出示证件及被调查询问人确认的记录：我们是______环境保护厅（局）的行政执法人员，这是我们的执法证件（执法证编号：________________、____________）。请过目确认：____________
今天我们依法进行检查并了解有关情况，你应当配合调查，如实回答询问和提供材料，不得拒绝、阻碍、隐瞒或者提供虚假情况。如果你认为调查人与本案有利害关系，可能影响公正办案，可以申请回避，并说明理由。你有权对本次调查询问提出陈述、申辩。
请确认：____
询问内容：______________________________________
____
____
____
____
____
____
被调查询问人确认意见：__________________________
被调查询问人签字：______________________ ______年____月____日
调查询问人签字：____________、______________ ______年____月____日
记录人签字：____________________________ ______年____月____日
参加人签字：____________________________ ______年____月____日

第　　页共　　页

【制作指南】

一、适用范围

（一）环保部门内部文书。

（二）适用于调查人员取证，记录调查人员对违法嫌疑人、污染受害人、证人等有关人员的询问过程和问答内容。

二、文书内容

（一）有环保部门名称、文书名称。

（二）有询问的起止时间、地点。

（三）有询问人、记录人基本信息，如姓名、执法证号、工作单位。

（四）有被询问人的基本信息。如姓名、年龄、公民身份号码、工作单位、职务、电话、地址、邮政编码等，与本案关系是指被询问人在本案中的身份，如违法嫌疑单位的工作人员、污染受害人、证人等。

（五）有向当事人出示执法证件、表明身份的记录和当事人的确认记录，如“我们是××环境保护局的行政执法人员，这是我们的执法证件（向当事人出示证件，并记录持证人员姓名和执法证件号），请过目确认”和“我确认”。

（六）有告知当事人申请回避权利和配合调查义务的记录，如“今天我们依法进行检查并了解有关情况，你应当配合调查，如实回答询问和提供材料，不得拒绝、阻碍、隐瞒或者提供虚假情况。如果你认为我们与本案有利害关系，可能影响公正办案，可以申请我们回避，并说明理由。”

（七）有询问内容。包括反映本案事实的时间、地点、行为、情节、动机、后果等。

（八）有被询问人对笔录的审阅确认意见，如注明“以上笔录已阅无误”，并逐页签名、注明日期。被询问人拒不审阅确认或者拒不签名的，由记录人予以注明。

（九）有询问人、记录人的逐页签名，并注明日期。

（十）有其他参加人的，填写其他参加人姓名、工作单位；无工作单位的，填写居住地址。其他参加人也逐页签名，并注明日期。

（十一）如被调查人为个体工商户或其他合法生产经营者，“组织机构代码证”一栏内可填“无”或“被调查人不能提供”。

三、注意事项

（一）笔录字迹要端正，保证可以正常阅读，笔录不能随意空行，空白处注明“以下空白”或者划有斜线。

（二）笔录必须当场制作，不得事后补记、增删。当场有修改的，由被询问人在修改处签名或者压指印。

（三）每份《调查询问笔录》只能对应一个被调查询问人。必要时，可以对被调查询问对象进行多次询问，每一次调查询问都应当分别制作调查询问笔录。

（四）询问必须有两名以上（含两名）持合法有效执法证件的行政执法人员同时在场，并出示执法证件，表明身份。

（五）符合《环境行政处罚办法》第八条规定回避条件的，调查人员应当自行回避；当事人申请其回避，应当审查同意。

回避条件为以下之一：1. 本案当事人或者当事人近亲属的；2. 本人或者近亲属与本案有直接利害关系的；3. 法律、法规或者规章规定的其他回避情形。

（六）笔录应当全面、如实记录被询问人与案件相关的陈述。

（七）可以采取拍照、录像、录音或者其他方式记录询问情况。

（八）本文书原件随卷归档。

【法律依据】

1. **《中华人民共和国行政处罚法》**（2021 年 1 月 22 日）

第四十三条　执法人员与案件有直接利害关系或者有其他关系可能影响公正执法的，应当回避。

当事人认为执法人员与案件有直接利害关系或者有其他关系可能影响公正执法的，有权申请回避。

当事人提出回避申请的，行政机关应当依法审查，由行政机关负责人决定。决定作出之前，不停止调查。

第四十六条　证据包括：

（一）书证；

（二）物证；

（三）视听资料；

（四）电子数据；

（五）证人证言；

（六）当事人的陈述；

（七）鉴定意见；

（八）勘验笔录、现场笔录。

证据必须经查证属实，方可作为认定案件事实的根据。

以非法手段取得的证据，不得作为认定案件事实的根据。

第五十五条 执法人员在调查或者进行检查时，应当主动向当事人或者有关人员出示执法证件。当事人或者有关人员有权要求执法人员出示执法证件。执法人员不出示执法证件的，当事人或者有关人员有权拒绝接受调查或者检查。

当事人或者有关人员应当如实回答询问，并协助调查或者检查，不得拒绝或者阻挠。询问或者检查应当制作笔录。

2.**《环境行政处罚办法》**（2010 年 1 月 19 日）

第八条 【回避情形】有下列情形之一的，案件承办人员应当回避：

（一）是本案当事人或者当事人近亲属的；

（二）本人或者近亲属与本案有直接利害关系的；

（三）法律、法规或者规章规定的其他回避情形。

符合回避条件的，案件承办人员应当自行回避，当事人也有权申请其回避。

第三十条 【调查人员责任】调查人员负有下列责任：

（一）对当事人的基本情况、违法事实、危害后果、违法情节等情况进行全面、客观、及时、公正的调查；

（二）依法收集与案件有关的证据，不得以暴力、威胁、引诱、欺骗以及其他违法手段获取证据；

（三）询问当事人、证人或者其他有关人员，应当告知其依法享有的权利；

（四）对当事人、证人或者其他有关人员的陈述如实记录。

第三十一条 【当事人配合调查】当事人及有关人员应当配合调查、检查或者现场勘验，如实回答询问，不得拒绝、阻碍、隐瞒或者提供虚假情况。

5. 采样取证登记单

×××环境保护厅（局）
采样取证登记单

依照《中华人民共和国行政处罚法》第五十六条[①]的规定，我厅（局）对____予以采样取证。

附：采样取证清单

采样地点（场所）：________________　　采样时间：________________

名 称	数 量	容 量	编 号	形 态	备 注

被采样取证人：________________________　　______年____月____日

采样取证人：____________、________________　　______年____月____日

封样人：________________________________　　______年____月____日

---

① 为与2021年修改后的《中华人民共和国行政处罚法》相衔接，本书对《环境行政执法文书制作指南》中文书涉及的法条序号和个别内容进行了更新，下文不再赘述。

【制作指南】

一、适用范围

（一）环保部门内部文书。

（二）适用于采样取证人对采样的主要情况的记录。

二、文书内容

（一）有被采样取证的当事人名称或姓名。

（二）载明采样取证准确的时间、地点或场所。

（三）标明采样取证物品的名称、数量、容量、编号、形态等。

（四）有被采样取证人签名及日期。

（五）有采样取证的行政执法人员签名及日期。

（六）有封样的行政执法人员签名及日期。

三、注意事项

（一）没有被采样取证人签字确认的，应有两名行政执法人员注明情况并签名或在现场的其他人签名见证；如其他人签名见证的，要说明见证人与本案的关系。

（二）本文书一式两份，一份随抽样物品备查，一份随卷归档。

【法律依据】

1.**《中华人民共和国行政处罚法》**（2021年1月22日）

第四十六条 证据包括：

（一）书证；

（二）物证；

（三）视听资料；

（四）电子数据；

（五）证人证言；

（六）当事人的陈述；

（七）鉴定意见；

（八）勘验笔录、现场笔录。

证据必须经查证属实，方可作为认定案件事实的根据。

以非法手段取得的证据，不得作为认定案件事实的根据。

第五十六条 行政机关在收集证据时，可以采取抽样取证的方法；在证据可能灭失或者以后难以取得的情况下，经行政机关负责人批准，可以先行登记保存，并应当在七日内及时作出处理决定，在此期间，当事人或者有关人员不得销毁或者转移证据。

2.《**环境行政处罚办法**》（2010年1月19日）

第三十二条 【证据类别】 环境行政处罚证据，主要有书证、物证、证人证言、视听资料和计算机数据、当事人陈述、监测报告和其他鉴定结论、现场检查（勘察）笔录等形式。

证据应当符合法律、法规、规章和最高人民法院有关行政执法和行政诉讼证据的规定，并经查证属实才能作为认定事实的依据。

第三十四条 【现场检查取样】 需要取样的，应当制作取样记录或者将取样过程记入现场检查（勘察）笔录，可以采取拍照、录像或者其他方式记录取样情况。

第三十七条 【现场监测数据可为证据】 环境保护主管部门在对排污单位进行监督检查时，可以现场即时采样，监测结果可以作为判定污染物排放是否超标的证据。

6. 现场照片（图片、影像资料）证据

现场照片（图片、影像资料）证据

照片（图片）

照片（图片）

证明对象：	证物袋 （存底片、光盘等）
拍摄时间：　　　年　　月　　日　　时　　分	
拍摄地点：	
拍 摄 人：	
当事人、见证人：	
执法人员（签名）： 执法证号：	

【制作指南】

一、适用范围

（一）环保部门内部文书。

（二）适用于调查人员对现场照片（图片、影像资料）证据的记录。

二、文书内容

（一）注明拍摄人员、拍摄地点、拍摄日期，贴在案卷衬纸上或作专门存档保管。

（二）对照片（图片、影像资料）反映出的问题或现场情况进行说明和描述。

（三）有执法人员签名、执法证号。

（四）有当事人或见证人签名、盖章或压指印。

三、注意事项

（一）调查人员应根据实地情况与采证需要，选择适当的摄录方式进行摄录，力求现场照片（图片、影像资料）客观、真实地反映现场勘验情况。

（二）对无法提取原始载体或者提取原始载体有困难的物证，采取拍照、录像等方式复制的，应附有对该物证的保存地点、保存人姓名、调取时间、执法人员姓名、证明对象的说明，并由执法人员签名或者签章。

【法律依据】

1.**《中华人民共和国行政处罚法》**（2021年1月22日）

第四十六条　证据包括：

（一）书证；

（二）物证；

（三）视听资料；

（四）电子数据；

（五）证人证言；

（六）当事人的陈述；

（七）鉴定意见；

（八）勘验笔录、现场笔录。

证据必须经查证属实，方可作为认定案件事实的根据。

以非法手段取得的证据，不得作为认定案件事实的根据。

2.《环境行政处罚办法》（2010 年 1 月 19 日）

第三十四条　【现场检查取样】 需要取样的，应当制作取样记录或者将取样过程记入现场检查（勘察）笔录，可以采取拍照、录像或者其他方式记录取样情况。

7. 先行登记保存证据通知书

×××环境保护厅（局）
先行登记保存证据通知书

______环登存字〔　　〕　　号

（当事人名称或者姓名，与营业执照、居民身份证一致）：

地址：______（与营业执照、居民身份证一致）______

______

法定代表人（负责人）：______（姓名）

你（单位）______（案由）______的行为，涉嫌违反了（相关法律、法规、规章名称及条款序号）的规定，（为防止证据灭失或以后难以取得），依照《中华人民共和国行政处罚法》第五十六条的规定，我厅（局）决定对下列物品予以先行登记保存证据。先行登记保存证据物品自______年____月____日起至______年____月____日止，以（就地或者异地）______方式，存放于（地点）______。在此期间，当事人或者有关人员不得销毁或转移证据。

附：先行登记保存证据物品清单

序号	名称	数 量	型 号	生产日期（批号）	生产单位	备 注

以上清单，物品与实物一致。请确认：______

被先行登记保存证据人：______　______年____月____日

行政执法人员及执法证编号：______、______　______年____月____日

×××环境保护厅（局）（印章）

年　　月　　日

【制作指南】

一、适用范围

（一）环保部门外部文书，送达当事人。

（二）用于调查人员取证，适用于在证据可能灭失或者以后难以取得情况下先行登记保存证据。

二、文书内容

（一）有环保部门名称、文书名称和发文字号。

（二）有当事人名称或姓名、地址。当事人为法人或者其他组织的，填写名称和地址（与营业执照一致）、法定代表人（负责人）姓名；当事人为公民或者个体工商户、个人合伙的，填写姓名（营业执照中有字号的应注明登记的字号）和地址（与居民身份证、营业执照一致）。

（三）有法律、法规、规章依据和法定事由。法律、法规、规章名称用全称，如《中华人民共和国环境保护法》。

（四）有先行登记保存证据的方式、期限和地点。

（五）有环保部门印章和作出决定的日期。

（六）附有先行登记保存证据清单，清单载有下列内容：

1. 标明物品名称、规格、数量、生产日期（批号）、生产单位等信息。

2. 有当事方现场负责人的确认意见，如“以上清单，物品与实物一致”，并签名、注明日期。

3. 有执法人员签名，并注明执法证号、日期。

三、注意事项

（一）采取先行登记保存措施的前提条件是“证据有可能灭失”或“证据以后难以取得”。不符合以上情形之一的，不得采取先行登记保存措施。

（二）办理程序上应当经过环保部门负责人批准。情况紧急的，可以先采取登记保存措施，再报请机关负责人批准。

（三）对先行登记保存的物品，当场清点后详细填写物品名称、数量、型号、生产日期（批号）、生产单位等信息。可以采取拍照、录像或者其他方式记录现场情况。

（四）先行登记保存的证据应当在 7 个工作日内依法处理，有关措施见《环境行政处罚办法》第三十九条。

（五）就地保存的，由当事人负责保存，在向当事人送达《先行登记保存证据通知书》时，在证据物品上加贴环保部门封条，说明有关情况及应遵守的义务；异地保存的，注明保存地点。

（六）本文书一份送达当事人（使用送达回证），一份随登记保存的证据备查，一份随卷归档（附送达回证）。

【法律依据】

1. **《中华人民共和国行政处罚法》**（2021 年 1 月 22 日）

第五十六条 行政机关在收集证据时，可以采取抽样取证的方法；在证据可能灭失或者以后难以取得的情况下，经行政机关负责人批准，可以先行登记保存，并应当在七日内及时作出处理决定，在此期间，当事人或者有关人员不得销毁或者转移证据。

2. **《环境行政处罚办法》**（2010 年 1 月 19 日）

第三十八条 【证据的登记保存】在证据可能灭失或者以后难以取得的情况下，经本机关负责人批准，调查人员可以采取先行登记保存措施。

情况紧急的，调查人员可以先采取登记保存措施，再报请机关负责人批准。

先行登记保存有关证据，应当当场清点，开具清单，由当事人和调查人员签名或者盖章。

先行登记保存期间，不得损毁、销毁或者转移证据。

第三十九条 【登记保存措施与解除】对于先行登记保存的证据，应当在 7 个工作日内采取以下措施：

（一）根据情况及时采取记录、复制、拍照、录像等证据保全措施；

（二）需要鉴定的，送交鉴定；

（三）根据有关法律、法规规定可以查封、暂扣的，决定查封、暂扣；

（四）违法事实不成立，或者违法事实成立但依法不应当查封、暂扣或者没收的，决定解除先行登记保存措施。

超过 7 个工作日未作出处理决定的，先行登记保存措施自动解除。

8. 解除先行登记保存证据通知书

×××环境保护厅（局）
解除先行登记保存证据通知书

______环解登字〔　　〕　　号

（当事人名称或者姓名，与营业执照、居民身份证一致）：
地址：______（与营业执照、居民身份证一致）______
法定代表人（负责人）：______（姓名）

我厅（局）于______年____月____日向你（单位）作出了《先行登记保存证据通知书》（______环登存字〔　　〕第　　号），对（先行登记保存证据名称）进行了先行登记保存。先行登记保存证据物品以（就地或者异地）____方式，存放于______（地点）______。

现决定对（先行登记保存证据全部或部分）于______年____月____日起予以解除先行登记保存措施。

附：解除先行登记保存证据清单

序号	名称	数量	型号	生产日期（批号）	生产单位	备注

以上清单，物品与实物一致。请确认：______________
被先行登记保存证据人：______________　______年____月____日
行政执法人员及执法证编号：________、________　______年____月____日

×××环境保护厅（局）（印章）
年　　月　　日

【制作指南】

一、适用范围

（一）环保部门外部文书，送达当事人。

（二）用于调查人员取证，适用于解除先行登记保存证据。

二、文书内容

（一）有环保部门名称、文书名称和发文字号。

（二）有当事人名称或姓名、地址。当事人为法人或者其他组织的，填写名称和地址（与营业执照一致）、法定代表人（负责人）姓名；当事人为公民或者个体工商户、个人合伙的，填写姓名（营业执照中有字号的应注明登记的字号）和地址（与居民身份证、营业执照一致）。

（三）有法律、法规、规章依据和法定事由。法律、法规、名称用全称，如《中华人民共和国环境保护法》。

（四）有先行登记保存证据通知书的名称和文号。

（五）有先行登记保存证据的方式日期和地点。

（六）有环保部门印章和作出决定的日期。

（七）附有先行登记保存证据物品清单，清单载有下列内容：

1. 标明物品名称、数量、型号、生产日期（批号）、生产单位等信息。

2. 有当事人现场负责人的确认意见，如“以上清单，物品与实物一致”，并签名、注明日期。

3. 有执法人员签名，并注明执法证号、日期。

三、注意事项

（一）采取先行登记保存证据措施的，应当根据《环境行政处罚办法》第三十九条的规定在 7 个工作日内及时处理。违法事实不成立，或者违法事实成立但依法不应当查封、暂扣或者没收的，决定解除先行登记保存措施。

（二）超过 7 个工作日未作出处理决定的，先行登记保存措施自动解除。

（三）对解除先行登记保存的物品，当场清点后详细填写物品名称、规格、数量、生产日期（批号）、生产单位等信息。可以采取拍照、录像或者其他方式记录现场情况。

（四）本文书一份送达当事人（使用送达回证），一份随卷归档（附送达回证）。

【法律依据】

1.《中华人民共和国行政处罚法》（2021 年 1 月 22 日）

第五十六条 行政机关在收集证据时，可以采取抽样取证的方法；在证据可能灭失或者以后难以取得的情况下，经行政机关负责人批准，可以先行登记保存，并应当在七日内及时作出处理决定，在此期间，当事人或者有关人员不得销毁或者转移证据。

2.《环境行政处罚办法》（2010 年 1 月 19 日）

第三十八条 **【证据的登记保存】**在证据可能灭失或者以后难以取得的情况下，经本机关负责人批准，调查人员可以采取先行登记保存措施。

情况紧急的，调查人员可以先采取登记保存措施，再报请机关负责人批准。

先行登记保存有关证据，应当当场清点，开具清单，由当事人和调查人员签名或者盖章。

先行登记保存期间，不得损毁、销毁或者转移证据。

第三十九条 **【登记保存措施与解除】**对于先行登记保存的证据，应当在 7 个工作日内采取以下措施：

（一）根据情况及时采取记录、复制、拍照、录像等证据保全措施；

（二）需要鉴定的，送交鉴定；

（三）根据有关法律、法规规定可以查封、暂扣的，决定查封、暂扣；

（四）违法事实不成立，或者违法事实成立但依法不应当查封、暂扣或者没收的，决定解除先行登记保存措施。

超过 7 个工作日未作出处理决定的，先行登记保存措施自动解除。

9. 案件处理内部审批表（通用）

×××环境保护厅（局）
案件处理内部审批表（通用）

<table>
<tr><td>申请事项</td><td colspan="4"></td></tr>
<tr><td>案　源</td><td colspan="4"></td></tr>
<tr><td rowspan="5">当事人</td><td>名称或姓名</td><td colspan="3"></td></tr>
<tr><td>地址（住址）</td><td></td><td>邮政编码</td><td></td></tr>
<tr><td>营业执照注册号
（公民身份号码）</td><td></td><td>组织机构代码</td><td></td></tr>
<tr><td>社会信用代码</td><td colspan="3"></td></tr>
<tr><td>法定代表人
（负责人）</td><td></td><td>职 务</td><td></td></tr>
<tr><td>简要案情及申请理由依据和内容</td><td colspan="4"></td></tr>
<tr><td>承办人
意 见</td><td colspan="4">签名或盖章：
年　　月　　日</td></tr>
<tr><td>法制机构
负责人意见</td><td colspan="4">签名或盖章：
年　　月　　日</td></tr>
<tr><td>环保部门负责人
审批意见</td><td colspan="4">签名或盖章：
年　　月　　日</td></tr>
</table>

【制作指南】

一、适用范围

（一）环保部门内部文书。

（二）用于案件办理过程需要向环保部门负责人请示的事项。

二、文书内容

（一）有申请事项，应与申请作出决定的文种名称相对应。例："（行政执法机关名称）先行登记保存证据通知书"。

（二）有案源信息。如检查发现、投诉举报、来信来访、媒体披露、上级交办、有关部门移送等途径。

（三）有当事人的信息。当事人为法人或组织的，写明单位名称（与营业执照一致）、住址（与营业执照一致）、邮政编码、营业执照注册号、组织机构代码、法定代表人（负责人）姓名及职务；当事人为公民或者个体工商户、个人合伙的，注明姓名（营业执照中有字号的应注明登记的字号）、公民身份号码、住址（与居民身份证、营业执照一致）。无营业执照的填写实际地址。

（四）有简要案情及申请理由依据和内容，载明违法行为发生的时间、地点、情节等简要情况；申请作出该决定的理由、法律依据和拟作出决定的具体内容。

（五）有承办人处理建议、签名及日期。

（六）有法制机构负责人审核意见、签名及日期。

（七）有环保部门负责人同意或不同意的审批意见、签名及日期。

三、注意事项

（一）为简化行政执法机关内部审批表式而设计。《案件处理内部审批表》主要适用于实施或者解除先行登记保存证据、责令改正违法行为或者停产、限产措施、处罚告知或听证告知通知、行政处罚决定、按日连续处罚决定、实施或者延期解除查封（扣押）措施、申请强制执行等行政行为的内部审核程序。

（二）使用本《案件处理内部审批表》，应与所要作出决定的事项相对应。填写的内容应当准确、清楚，审核、审批意见应当明确。

（三）须由主要负责人签名实施的行政行为的文书应有行政执法机关主要负责人同意或不同意的意见、签名及日期，其他实施行政行为的文书可由主管负责人签署。

【法律依据】

1.《中华人民共和国行政处罚法》（2021年1月22日）

第二十八条第一款 行政机关实施行政处罚时，应当责令当事人改正或者限期改正违法行为。

第四十四条 行政机关在作出行政处罚决定之前，应当告知当事人拟作出的行政处罚内容及事实、理由、依据，并告知当事人依法享有的陈述、申辩、要求听证等权利。

第五十六条 行政机关在收集证据时，可以采取抽样取证的方法；在证据可能灭失或者以后难以取得的情况下，经行政机关负责人批准，可以先行登记保存，并应当在七日内及时作出处理决定，在此期间，当事人或者有关人员不得销毁或者转移证据。

第五十七条 调查终结，行政机关负责人应当对调查结果进行审查，根据不同情况，分别作出如下决定：

（一）确有应受行政处罚的违法行为的，根据情节轻重及具体情况，作出行政处罚决定；

（二）违法行为轻微，依法可以不予行政处罚的，不予行政处罚；

（三）违法事实不能成立的，不予行政处罚；

（四）违法行为涉嫌犯罪的，移送司法机关。

对情节复杂或者重大违法行为给予行政处罚，行政机关负责人应当集体讨论决定。

第六十三条 行政机关拟作出下列行政处罚决定，应当告知当事人有要求听证的权利，当事人要求听证的，行政机关应当组织听证：

（一）较大数额罚款；

（二）没收较大数额违法所得、没收较大价值非法财物；

（三）降低资质等级、吊销许可证件；

（四）责令停产停业、责令关闭、限制从业；

（五）其他较重的行政处罚；

（六）法律、法规、规章规定的其他情形。

当事人不承担行政机关组织听证的费用。

第七十二条 当事人逾期不履行行政处罚决定的，作出行政处罚决定的行政机关可以采取下列措施：

（一）到期不缴纳罚款的，每日按罚款数额的百分之三加处罚款，加处罚款的数额不得超出罚款的数额；

（二）根据法律规定，将查封、扣押的财物拍卖、依法处理或者将冻结的存款、汇款划拨抵缴罚款；

（三）根据法律规定，采取其他行政强制执行方式；

（四）依照《中华人民共和国行政强制法》的规定申请人民法院强制执行。

行政机关批准延期、分期缴纳罚款的，申请人民法院强制执行的期限，自暂缓或者分期缴纳罚款期限结束之日起计算。

2.《环境行政处罚办法》（2010 年 1 月 19 日）

第十条　【处罚种类】根据法律、行政法规和部门规章，环境行政处罚的种类有：

（一）警告；

（二）罚款；

（三）责令停产整顿；

（四）责令停产、停业、关闭；

（五）暂扣、吊销许可证或者其他具有许可性质的证件；

（六）没收违法所得、没收非法财物；

（七）行政拘留；

（八）法律、行政法规设定的其他行政处罚种类。

第十一条　【责令改正与连续违法认定】环境保护主管部门实施行政处罚时，应当及时作出责令当事人改正或者限期改正违法行为的行政命令。

责令改正期限届满，当事人未按要求改正，违法行为仍处于继续或者连续状态的，可以认定为新的环境违法行为。

第十二条　【责令改正形式】根据环境保护法律、行政法规和部门规章，责令改正或者限期改正违法行为的行政命令的具体形式有：

（一）责令停止建设；

（二）责令停止试生产；

（三）责令停止生产或者使用；

（四）责令限期建设配套设施；

（五）责令重新安装使用；

（六）责令限期拆除；

（七）责令停止违法行为；

（八）责令限期治理；

（九）法律、法规或者规章设定的责令改正或者限期改正违法行为的行政命令的其他具体形式。

根据最高人民法院关于行政行为种类和规范行政案件案由的规定，行政命令不属行政处罚。行政命令不适用行政处罚程序的规定。

第三十八条　【证据的登记保存】在证据可能灭失或者以后难以取得的情况下，经本机关负责人批准，调查人员可以采取先行登记保存措施。

情况紧急的，调查人员可以先采取登记保存措施，再报请机关负责人批准。

先行登记保存有关证据，应当当场清点，开具清单，由当事人和调查人员签名或者盖章。

先行登记保存期间，不得损毁、销毁或者转移证据。

第三十九条　【登记保存措施与解除】对于先行登记保存的证据，应当在7个工作日内采取以下措施：

（一）根据情况及时采取记录、复制、拍照、录像等证据保全措施；

（二）需要鉴定的，送交鉴定；

（三）根据有关法律、法规规定可以查封、暂扣的，决定查封、暂扣；

（四）违法事实不成立，或者违法事实成立但依法不应当查封、暂扣或者没收的，决定解除先行登记保存措施。

超过7个工作日未作出处理决定的，先行登记保存措施自动解除。

第四十一条　【查封暂扣实施要求】查封、暂扣当事人的财物，应当当场清点，开具清单，由调查人员和当事人签名或者盖章。

查封、暂扣的财物应当妥善保管，严禁动用、调换、损毁或者变卖。

第四十二条　【查封暂扣解除】经查明与违法行为无关或者不再需要采取查封、暂扣措施的，应当解除查封、暂扣措施，将查封、暂扣的财物如数返还当事人，并由调查人员和当事人在财物清单上签名或者盖章。

第四十八条　【处罚告知和听证】在作出行政处罚决定前，应当告知当事人有关事实、理由、依据和当事人依法享有的陈述、申辩权利。

在作出暂扣或吊销许可证、较大数额的罚款和没收等重大行政处罚决定之前，应当告知当事人有要求举行听证的权利。

第五十一条　【处罚决定】本机关负责人经过审查，分别作出如下处理：

（一）违法事实成立，依法应当给予行政处罚的，根据其情节轻重及具体情况，作出行政处罚决定；

（二）违法行为轻微，依法可以不予行政处罚的，不予行政处罚；

（三）符合本办法第十六条情形之一的，移送有权机关处理。

第六十一条　【强制执行的适用】当事人逾期不申请行政复议、不提起行政诉讼、又不履行处罚决定的，由作出处罚决定的环境保护主管部门申请人民法院强制执行。

10. 责令改正违法行为决定书

×××环境保护厅（局）
责令改正违法行为决定书

______环责改字〔　　〕　　号

(当事人名称或者姓名，与营业执照、居民身份证一致)：
营业执照注册号（公民身份号码）：__________组织机构代码证：__________
社会信用代码：____________________
地址：____________________法定代表人（负责人）：________________

我厅（局）于______年____月____日对你（单位）进行了调查，发现你（单位）实施了以下环境违法行为：

(陈述违法事实，如违法行为发生的时间、地点、情节、动机、危害后果等内容)。

以上事实，有（列举证据形式，阐述证据所要证明的内容）等证据为凭。

上述行为违反了　（相关法律、法规、规章名称及条款序号）　的规定。

依据《中华人民共和国行政处罚法》第二十八条和（相关法律、法规、规章名称及条款序号）的规定，现责令你（单位）立即（接到本决定书之日起__________日内）　（改正违法行为的具体形式）　。

我厅（局）将对你（单位）改正违法行为的情况进行监督。如你（单位）拒不改正上述环境违法行为，逾期不申请行政复议，不提起行政诉讼，又不履行本决定的，我厅（局）将（依法实施行政处罚）依法申请人民法院强制执行。

（适用按日连续处罚的：我厅（局）将在30日内对你（单位）改正违法行为的情况进行复查。如你（单位）拒不改正违法排污行为，我厅（局）将按照《中华人民共和国环境保护法》第五十九条第一款的规定，对你（单位）实施按日连续处罚。）

你（单位）如对本决定不服，可在收到本决定书之日起60日内向×××环境保护厅（局）或者×××人民政府申请行政复议，也可在收到本决定书之日起6个月内向×××人民法院提起行政诉讼。如你（单位）拒不改正上述违法行为，我厅（局）将申请××人民法院强制执行。

×××环境保护厅（局）（印章）
年　　月　　日

【制作指南】

一、适用范围

（一）环保部门外部文书，送达当事人。

（二）适用于经过调查取证确认当事人存在环境违法行为，责令当事人改正或者限期改正。

二、文书内容

（一）有环保部门名称、文书名称和发文字号。

（二）有当事人名称或姓名、地址。当事人为法人或者其他组织的，填写名称和地址（与营业执照一致）、营业执照注册号、组织机构代码（实行了“三码合一”的填写社会信用代码，不再填写营业执照注册号、组织机构代码）、法定代表人（负责人）姓名和职务；当事人为公民或者个体工商户、个人合伙的，注明姓名（营业执照中有字号的应注明登记的字号）、公民身份号码、住址（与居民身份证、营业执照一致）。无营业执照的填写实际地址。

（三）有调查机构名称、调查时间。

（四）有违法行为信息，如时间、地点、行为、情节、动机、后果等。

（五）有证据信息，如证据名称、提取（作出）时间、提供（作出）单位、证明内容等。

（六）有违反的法律、法规、规章名称和条款序号。法律、法规、规章名称用全称，如《中华人民共和国环境保护法》。

（七）有责令改正的依据，如注明“依据《中华人民共和国行政处罚法》第二十三条和（相关法律、法规、规章名称及条款序号）”。

法律、法规、规章有禁止性规定但无罚则的，可不写本项。

（八）有责令改正的具体内容。有的法律、法规、规章规定限期改正为行政处罚前置条件的，应明确告知其逾期不改正应承担的法律责任。

法律、法规、规章有禁止性规定但无罚则的，可写明“责令你（单位）（于______年____月____日之前）改正上述违法行为”。

（九）有对违法行为改正情况进行监督的信息，如“我局将对你（单位）改正违法行为的情况进行监督”。

（十）有拒（逾期）不改正的法律后果，如决定书中环境违法问题符合《中华人民共和国环境保护法》第六十三条的，应当载明移送公安机关予以行政拘留的法律后果。

（十一）告知不服行政命令的救济途径和期限，如“你（单位）如对本决定不服，可在收到本决定书之日起60日内向×××环境保护厅（局）或者×××人民政府申请行政复议，也可在收到本决定书之日起6个月内向×××人民法院提起行政诉讼。如你（单位）拒不改正上述违法行为，我厅（局）将申请××人民法院强制执行。”

（十二）有环保部门印章、作出决定的日期。

三、注意事项

（一）本文书是指行政机关单独作出责令改正决定时使用。根据需要，责令改正的具体内容也可以体现在行政处罚决定书的内容中。

（二）责令改正的具体内容，一般为责令停止建设、停止试生产、停止生产或者使用、限期建设配套设施、重新安装使用、限期拆除以及停止违法行为等，根据个案情况，选择合理的内容。特别要注意的是，责令改正某具体违法行为的，应明确限期改正的期限，详细写明改正内容，而不能笼统写为“自行改正”。

（三）如果当事人行为涉及到违法排放污染物，应当责令立即停止违法排放污染物，并告知当事人拒不改正可能承担按日连续处罚的法律后果。

（四）行政执法机关应当及时对当事人违法行为的改正情况进行复查。

（五）此文书一式两份，一份交于当事人、一份随卷归档。随卷时应附《内部审批表》和《送达回证》。

【法律依据】

1. **《中华人民共和国行政处罚法》**（2021年1月22日）

第二十八条 行政机关实施行政处罚时，应当责令当事人改正或者限期改正违法行为。

当事人有违法所得，除依法应当退赔的外，应当予以没收。违法所得是指实施违法行为所取得的款项。法律、行政法规、部门规章对违法所得的计算另有规定的，从其规定。

2. **《中华人民共和国环境保护法》**（2014年4月24日）

第五十九条 企业事业单位和其他生产经营者违法排放污染物，受到罚款处罚，被责令改正，拒不改正的，依法作出处罚决定的行政机关可以自责令改正之日的次日起，按照原处罚数额按日连续处罚。

前款规定的罚款处罚，依照有关法律法规按照防治污染设施的运行成本、违法行为造成的直接损失或者违法所得等因素确定的规定执行。

地方性法规可以根据环境保护的实际需要，增加第一款规定的按日连续处罚的违法行为的种类。

第六十三条 企业事业单位和其他生产经营者有下列行为之一，尚不构成犯罪的，除依照有关法律法规规定予以处罚外，由县级以上人民政府环境保护主管部门或者其他有关部门将案件移送公安机关，对其直接负责的主管人员和其他直接责任人员，处十日以上十五日以下拘留；情节较轻的，处五日以上十日以下拘留：

（一）建设项目未依法进行环境影响评价，被责令停止建设，拒不执行的；

（二）违反法律规定，未取得排污许可证排放污染物，被责令停止排污，拒不执行的；

（三）通过暗管、渗井、渗坑、灌注或者篡改、伪造监测数据，或者不正常运行防治污染设施等逃避监管的方式违法排放污染物的；

（四）生产、使用国家明令禁止生产、使用的农药，被责令改正，拒不改正的。

3.《环境行政处罚办法》（2010 年 1 月 19 日）

第十一条 【责令改正与连续违法认定】 环境保护主管部门实施行政处罚时，应当及时作出责令当事人改正或者限期改正违法行为的行政命令。

责令改正期限届满，当事人未按要求改正，违法行为仍处于继续或者连续状态的，可以认定为新的环境违法行为。

第十二条 【责令改正形式】 根据环境保护法律、行政法规和部门规章，责令改正或者限期改正违法行为的行政命令的具体形式有：

（一）责令停止建设；

（二）责令停止试生产；

（三）责令停止生产或者使用；

（四）责令限期建设配套设施；

（五）责令重新安装使用；

（六）责令限期拆除；

（七）责令停止违法行为；

（八）责令限期治理；

（九）法律、法规或者规章设定的责令改正或者限期改正违法行为的行政命令的其他具体形式。

根据最高人民法院关于行政行为种类和规范行政案件案由的规定，行政命令不属行政处罚。行政命令不适用行政处罚程序的规定。

11. 行政处罚案件调查报告

×××环境保护厅（局）
行政处罚案件调查报告

案件调查的来源、调查经过（概括交代案件由来，包括案件来源、登记时间、立案时间和批准立案的机关等；调查经过包括办案人员的组成、调查方式、调查时间等）。

当事人的基本情况。

当事人违法事实和相关证据记录（当事人实施违法行为的具体事实包括其从事违法行为的时间、地点、目的、手段、情节、违法所得、危害后果等，要客观真实，所描述的事实必须得到相关证据的支持）。

违反法律规定的行为和行政处罚的法律依据。（对当事人的违法行为进行定性，引用法律条文要具体到条、款、项、目）。

案件调查机构的处理建议（办案机构提出的对案件当事人的具体处罚意见，包括根据有关法律条文并结合本部门自由裁量权裁量标准作出的行政处罚的种类和幅度）。

办案人员（签名）：

办案单位（盖章）

年　　月　　日

【制作指南】

一、适用范围

（一）环保部门内部文书。

（二）适用于调查终结后调查人员对调查取证情况的描述。

二、文书内容

（一）有案件调查的来源，包括案件来源、立案时间和批准立案的机关等。

（二）有当事人的基本情况。

（三）有调查的过程，包括办案人员的组成、调查方式、调查的起止时间等。

（四）有当事人实施违法行为的具体事实，包括其从事违法行为的时间、地点、目的、手段、情节、违法所得、危害后果等。

（五）有支持所描述事实的相关证据，对收集的证据逐一列举。

（六）有违法行为违反的法律条款及内容。

（七）有适用本单位自由裁量权裁量标准的内容。

（八）有处罚依据。

（九）建议予以处罚的种类和罚款数额。

（十）两名以上（含两名）调查人员签字并注明日期。

（十一）有办案单位盖章。

三、注意事项

本报告能够真实、具体、详细地反映案发时间、地点、当事人、违法行为起因、过程、后果以及影响等内容。

【法律依据】

《环境行政处罚办法》（2010 年 1 月 19 日）

第四十四条　【调查终结】有下列情形之一的，可以终结调查：

（一）违法事实清楚、法律手续完备、证据充分的；

（二）违法事实不成立的；

（三）作为当事人的自然人死亡的；

（四）作为当事人的法人或者其他组织终止，无法人或者其他组织承受其权利义务，又无其他关系人可以追查的；

（五）发现不属于本机关管辖的；

（六）其他依法应当终结调查的情形。

第四十五条 【案件移送审查】终结调查的，案件调查机构应当提出已查明违法行为的事实和证据、初步处理意见，按照查处分离的原则送本机关处罚案件审查部门审查。

12. 行政处罚事先（听证）告知书

×××环境保护厅（局）
行政处罚事先（听证）告知书

______环罚告字〔　　〕　　号

（当事人名称或者姓名，与营业执照、居民身份证一致）：

我厅（局）于______年____月____日对你（单位）进行了调查，发现你（单位）实施了以下环境违法行为：

（陈述违法事实，如违法行为发生的时间、地点、情节、动机、危害后果等内容）

以上事实有（列举证据形式，阐述证据所要证明的内容）等证据为凭。

你（单位）的上述行为违反了（相关法律、法规、规章名称及条款序号）的规定。依据（相关法律、法规、规章名称及条款序号）的规定，阐述适用行政处罚裁量基准制度。我厅（局）拟对你（单位）作出如下行政处罚：

1. ______________________________；

2. ______________________________。（其中为罚款的，罚款数额大写）

根据《中华人民共和国行政处罚法》第四十五条的规定，你（单位）有权进行陈述和申辩。未提出陈述申辩意见的，视为放弃此权利。

根据《中华人民共和国行政处罚法》第六十三条的规定，对上述拟作出的（符合听证条件的行政处罚种类和幅度），你（单位）有要求举行听证的权利。你（单位）如果要求听证，可以在收到本告知书之日起3日内向我（厅）局提出举行听证的要求；逾期未提出听证申请的，视为你（单位）放弃听证权利。

联系人：______________________________电　　话：________________

地　址：______________________________邮政编码：________________

×××环境保护厅（局）（印章）

年　　月　　日

【制作指南】

一、适用范围

（一）环保部门外部文书，送达当事人。

（二）本样式含两种文书：一是行政处罚事先告知书，适用于在作出行政处罚决定之前，告知当事人陈述申辩权；二是行政处罚听证告知书，适用于对符合听证条件的行政处罚，在作出行政处罚决定之前，告知当事人听证申请权。

二、文书内容

（一）有环保部门名称、文书名称和发文字号。

（二）有当事人单位名称或者个人姓名（与营业执照、居民身份证一致）。

（三）有调查机构名称、调查时间。

（四）有违法行为信息，如时间、地点、行为、情节、动机、后果等。

（五）有证据信息，如证据名称、提取（作出）时间、提供（作出）单位、证明内容等。

（六）有违反的法律、法规、规章名称和条款序号。法律、法规、规章名称用全称，如《中华人民共和国环境保护法》。

（七）有拟作出行政处罚的法律、法规、规章依据和拟作出行政处罚的种类、数额、期限等处罚内容。

（八）告知当事人陈述、申辩的权利及陈述、申辩的时间、地点。

（九）有联系人信息，如电话、地址、邮编等。

（十）有环保部门印章和作出决定的日期。

三、注意事项

（一）行政处罚事先告知是作出行政处罚决定之前必须履行的一项法定程序，如果行政机关下达行政处罚决定前没有履行告知义务，则属于违反法定程序，其行政处罚不能成立。

（二）符合听证条件的，可不再发《行政处罚事先告知书》，在《行政处罚听证告知书》中一并告知陈述申辩权、听证申请权和期限。

（三）行政处罚事先告知书应当采用阐述式，有说理性的内容，不宜用填空式。

（四）告知之前填写《案件内部审批表》报行政执法机关负责人批准。

（五）应当采取书面形式告知。

（六）本文书一份送达当事人（使用送达回证），一份随卷归档（附送达回证）。

【法律依据】

1.《中华人民共和国行政处罚法》（2021 年 1 月 22 日）

第四十五条 当事人有权进行陈述和申辩。行政机关必须充分听取当事人的意见，对当事人提出的事实、理由和证据，应当进行复核；当事人提出的事实、理由或者证据成立的，行政机关应当采纳。

行政机关不得因当事人陈述、申辩而给予更重的处罚。

第六十三条 行政机关拟作出下列行政处罚决定，应当告知当事人有要求听证的权利，当事人要求听证的，行政机关应当组织听证：

（一）较大数额罚款；

（二）没收较大数额违法所得、没收较大价值非法财物；

（三）降低资质等级、吊销许可证件；

（四）责令停产停业、责令关闭、限制从业；

（五）其他较重的行政处罚；

（六）法律、法规、规章规定的其他情形。

当事人不承担行政机关组织听证的费用。

2.《环境行政处罚办法》（2010 年 1 月 19 日）

第四十八条 **【处罚告知和听证】**在作出行政处罚决定前，应当告知当事人有关事实、理由、依据和当事人依法享有的陈述、申辩权利。

在作出暂扣或吊销许可证、较大数额的罚款和没收等重大行政处罚决定之前，应当告知当事人有要求举行听证的权利。

13. 行政处罚听证通知书

×××环境保护厅（局）
行政处罚听证通知书

______环听通字〔　　〕　　号

（当事人名称或者姓名，与营业执照、居民身份证一致）：

你（单位）______年____月____日（案由）__________________________________一案提出听证要求，我厅（局）决定于____年____月____日____时____分在________（听证地点）________（公开或者不公开）举行听证会。

本次听证会由________（姓名、单位、职务）________为听证主持人，________（姓名、单位、职务）________为记录员。

如你（单位）认为听证主持人、记录员与本案有直接利害关系的，有权申请其回避。申请听证主持人、记录员回避的，在____年____月____日前向我厅（局）提出书面申请并说明理由。

申请延期举行听证会的，在______年____月____日前向我厅（局）提出书面申请并说明理由。若无正当理由缺席，视为你（单位）放弃听证权利，听证终止。

你（单位法定代表人）可以亲自参加听证，也可以委托1~2名代理人参加听证。

注意事项：

1. 委托代理人参加听证的，在听证会举行前提交授权委托书，载明委托的事项、权限和期限。

2. 携带当事人（委托代理人）的身份证明原件、复印件和有关证据材料。

3. 通知有关证人出席作证，并事先告知我局联系人。

联系人：____________________ 电　　话：____________________

地　址：____________________ 邮政编码：____________________

×××环境保护厅（局）（印章）

年　　月　　日

【制作指南】

一、适用范围

（一）环保部门外部文书，送达当事人。

（二）适用于决定举行听证会后，通知当事人听证会的时间、地点、权利和注意事项。

二、文书内容

（一）有环保部门名称、文书名称和发文字号。

（二）有当事人名称或姓名（与营业执照、居民身份证一致）。

（三）告知举行听证的案由、时间、地点、方式。涉及国家秘密、商业秘密或者个人隐私的听证，不公开举行。

（四）告知听证主持人、听证员、记录人的姓名、部门、职务等基本情况。

（五）告知当事人权利，如委托代理权，对听证主持人、记录人申请回避的权利、延期申请权。

（六）告知参加听证的注意事项，如提前办理授权委托手续、携带证据材料、通知证人出席作证。

（七）有联系人信息，如电话、地址和邮政编码等。

（八）有环保部门印章、作出决定的日期。

三、注意事项

（一）应在听证的 7 个工作日前，通知当事人举行听证的时间、地点和方式。

（二）可根据需要决定是否设置听证员。

（三）当事人因特殊原因事先对听证时间提出延期申请，理由正当的，行政执法机关应当予以采纳。

（四）本文书一式两份，一份送达听证申请人（使用送达回证），一份随卷归档。

【法律依据】

1. **《中华人民共和国行政处罚法》**（2021 年 1 月 22 日）

第六十四条　听证应当依照以下程序组织：

（一）当事人要求听证的，应当在行政机关告知后五日内提出；

（二）行政机关应当在举行听证的七日前，通知当事人及有关人员听证的时间、地点；

（三）除涉及国家秘密、商业秘密或者个人隐私依法予以保密外，听证公开举行；

（四）听证由行政机关指定的非本案调查人员主持；当事人认为主持人与本案有直接利害关系的，有权申请回避；

（五）当事人可以亲自参加听证，也可以委托一至二人代理；

（六）当事人及其代理人无正当理由拒不出席听证或者未经许可中途退出听证的，视为放弃听证权利，行政机关终止听证；

（七）举行听证时，调查人员提出当事人违法的事实、证据和行政处罚建议，当事人进行申辩和质证；

（八）听证应当制作笔录。笔录应当交当事人或者其代理人核对无误后签字或者盖章。当事人或者其代理人拒绝签字或者盖章的，由听证主持人在笔录中注明。

2.《环境行政处罚办法》（2010 年 1 月 19 日）

第五十条　【处罚听证的执行】行政处罚听证按有关规定执行。

14. 听证笔录

×××环境保护厅（局）
听 证 笔 录

案由：________________________________立案号：________________

时间：______年____月____日____时____分至____时____分

地点：________________________________听证方式：______________

听证主持人姓名：__________________工作单位及职务：______________

听证员姓名：______________________工作单位及职务：______________

记录员姓名：______________________工作单位及职务：______________

听证申请人名称或姓名：___________________地址：________________

法定代表人姓名：_________________________职务：________________

委托代理人（一）姓名：___________________电话：________________

工作单位：_______________________________职务：________________

委托代理人（二）姓名：___________________电话：________________

工作单位：_______________________________职务：________________

有关证人姓名及工作单位：______________________________________

案件调查人（一）姓名：__________工作单位及执法证号：__________

案件调查人（二）姓名：__________工作单位及执法证号：__________

有关证人姓名及工作单位：______________________________________

____

____

听证笔录（正文）：____

____

____

____

____

____

以上笔录已阅无误。

听证申请人及委托代理人、有关证人签名：________ ______年____月____日

案件调查人及有关证人签名：__________________ ______年____月____日

听证主持人签名：____________________________ ______年____月____日

记录员签名：________________________________ ______年____月____日

第　　页，共　　页

【制作指南】

一、适用范围

（一）环保部门内部文书。

（二）适用于记录听证会情况。

二、文书内容

（一）有环保部门名称和文书名称。

（二）案由信息和立案号同《环境违法行为立案审批表》。

（三）有举行听证的起止时间、地点、方式。

（四）有听证主持人、记录员的姓名、工作单位及职务。

（五）有听证申请人名称或姓名、地址。

当事人为法人或者其他组织的，填写名称和地址（与营业执照一致）、法定代表人（负责人）姓名和职务；当事人为公民或者个体工商户、个人合伙的，填写姓名（营业执照中有字号的应注明登记的字号）和地址（与居民身份证、营业执照一致）。有委托代理人、证人的，写明其姓名、工作单位、职务、电话。

（六）有案件调查人姓名、工作单位及执法证号、电话。有证人的，写明其姓名、工作单位（地址）、电话。

（七）有正文，应当清晰记录。主要包括：

1. 举行听证的内容和目的。

2. 介绍和核实听证参加人的姓名和身份。

3. 告知当事人、委托代理人和其他听证参加人依法享有的权利。

4. 宣布听证的纪律。

5. 案件调查人员陈述当事人违法的事实、证据和处罚依据及处罚建议。

6. 当事人对案件涉及的事实、证据等进行陈述、申辩的内容。

7. 案件调查人员和当事人双方质证、辩论的内容和证据。

8. 当事人的最后陈述意见。

（八）有听证申请人及其委托代理人、案件调查人员、证人的审阅确认意见，如注明“以上笔录已阅，记录属实”，并逐页签名、注明日期。

（九）有听证主持人、记录员的签名，并注明日期。

三、注意事项

（一）笔录字迹要端正，保证可以正常阅读，不得随意空行，空白处注明

“以下空白”或者划有斜线。

（二）笔录必须当场制作，不得事后补记、增删。当场有文字修改的，由修改人在修改处签名或者压指印。

（三）听证记录要简练真实，抓住重点，涉及认定事实和定性等关键问题，力求记录原话。对当事人提出的主要观点、主要证据，要重点记录，表述清晰。

（四）质证情况是听证笔录的重点，要记录准确，经过质证的证据要在笔录中记明。对听证会上出示的证据，应制作证据目录，附在听证笔录之后。

（五）在听证会上提供了书面发言材料和书面陈述申辩材料的，附在听证笔录之后。

（六）本文书原件随卷归档。

【法律依据】

1.《**中华人民共和国行政处罚法**》（2021 年 1 月 22 日）

第六十四条 听证应当依照以下程序组织：

（一）当事人要求听证的，应当在行政机关告知后五日内提出；

（二）行政机关应当在举行听证的七日前，通知当事人及有关人员听证的时间、地点；

（三）除涉及国家秘密、商业秘密或者个人隐私依法予以保密外，听证公开举行；

（四）听证由行政机关指定的非本案调查人员主持；当事人认为主持人与本案有直接利害关系的，有权申请回避；

（五）当事人可以亲自参加听证，也可以委托一至二人代理；

（六）当事人及其代理人无正当理由拒不出席听证或者未经许可中途退出听证的，视为放弃听证权利，行政机关终止听证；

（七）举行听证时，调查人员提出当事人违法的事实、证据和行政处罚建议，当事人进行申辩和质证；

（八）听证应当制作笔录。笔录应当交当事人或者其代理人核对无误后签字或者盖章。当事人或者其代理人拒绝签字或者盖章的，由听证主持人在笔录中注明。

第六十五条 听证结束后，行政机关应当根据听证笔录，依照本法第五十七条的规定，作出决定。

15. 听证报告

×××环境保护厅（局）
听 证 报 告

案由：____

听证时间：____年____月____日____时____分至____时____分

听证地点：____

听证主持人：________________记录人：________________

听证申请人：________________法定代表人（负责人）：________

委托代理人：________________、________________

案件调查人：________、________工作单位：________________

当事人申辩质证的主要内容：________________________

____

____

____

____

争论焦点问题：________________________________

____

____

主持人意见和建议：______________________________

____

____

____

听证主持人签名：________________

记　　录　　人：________________

年　　月　　日

【制作指南】

一、适用范围

（一）环保部门内部文书。

（二）适用于听证主持人向环保部门负责人报告听证会情况。

二、文书内容

（一）有举行听证的案件名称及案号。

（二）载明听证时间、地点、听证方式以及听证主持人、记录人、听证申请人及其委托代理人等的基本情况。

（三）有案件承办人的姓名及其工作单位。

（四）载明听证会的基本情况。

（五）有案件基本情况。载明案件调查人对案件事实认定、相关证据、理由以及处理意见；当事人或委托代理人陈述申辩的理由和要求。

（六）有听证主持人的意见和建议。听证主持人可综合听证双方意见，确认案件事实是否清楚、证据是否确凿、程序是否合法，适用法律是否正确，并明确提出处理意见。

（七）听证主持人、记录人签名及日期。

三、注意事项

（一）听证会结束后，听证主持人依据听证情况，制作《听证报告》并提出处理意见，连同《听证笔录》报本机关负责人审查。

（二）将《听证笔录》附在《听证报告》后供备查。

【法律依据】

《环境行政处罚办法》（2010 年 1 月 19 日）

第六十九条　【归档顺序】 正卷按下列顺序装订：

（一）行政处罚决定书及送达回证；

（二）立案审批材料；

（三）调查取证及证据材料；

（四）行政处罚事先告知书、听证告知书、听证通知书等法律文书及送达回证；

（五）听证笔录；

（六）财物处理材料；

（七）执行材料；

（八）结案材料；

（九）其他有关材料。

副卷按下列顺序装订：

（一）投诉、申诉、举报等案源材料；

（二）涉及当事人有关技术秘密和商业秘密的材料；

（三）听证报告；

（四）审查意见；

（五）集体审议记录；

（六）其他有关材料。

16. 案件集体讨论笔录

×××环境保护厅（局）
案件集体讨论笔录

案件名称：____

时　间：______年______月______日______时______分至______时______分

地　点：____

主持人：__________职务：__________　记录人：__________职务：__________

参加人员：____

列席人员：____

承办人汇报案件情况：________________________________

____

____

____

____

陈述（听证）情况：__________________________________

____

____

参加讨论人员意见：__________________________________

____

____

____

____

结论意见：____

____

____

参加人员签名：______________________________　　年　　月　　日

【制作指南】

一、适用范围

（一）环保部门内部文书。

（二）适用于环保部门案件审查委员会对案件办理过程中重大、复杂事项进行集体审议过程的记录。

二、文书内容

（一）有案件名称、案号和讨论的时间、地点。

（二）有主持人、记录人、出席人、列席人的姓名及职务。

（三）有集体讨论的原因，写明集体讨论的案件反映的主要问题。

（四）有承办人员汇报案件情况及采集的主要证据，如违法行为发生的时间、地点、情节、后果等；案件涉及的法律、法规、规章等；处理意见和理由。

（五）有陈述申辩（听证）的情况。其中，举行听证的案件，可由听证主持人汇报听证情况。

（六）有参加讨论人员的主要意见和理由。

（七）有结论性意见。

（八）有出席人员签名。

三、注意事项

（一）对情节复杂或者重大违法行为给予较重的行政处罚的，行政机关的负责人应当集体讨论决定。

（二）讨论内容应当针对案件事实是否调查清楚，证据是否确凿、充分，定性是否准确，当事人是否具备主体资格，应处理的单位和个人是否遗漏，适用法律法规是否正确，自由裁量是否得当，办案程序是否合法等。

（三）讨论记录应当详细记载讨论过程中每个人发言的主要内容。

（四）针对讨论的问题应当有结论性意见。

（五）出席人员签名。

【法律依据】

1. **《中华人民共和国行政处罚法》**（2021 年 1 月 22 日）

第五十七条 调查终结，行政机关负责人应当对调查结果进行审查，根据不同情况，分别作出如下决定：

（一）确有应受行政处罚的违法行为的，根据情节轻重及具体情况，作出行政处罚决定；

（二）违法行为轻微，依法可以不予行政处罚的，不予行政处罚；

（三）违法事实不能成立的，不予行政处罚；

（四）违法行为涉嫌犯罪的，移送司法机关。

对情节复杂或者重大违法行为给予行政处罚，行政机关负责人应当集体讨论决定。

2. **《环境行政处罚办法》**（2010年1月19日）

第五十二条　【重大案件集体审议】案情复杂或者对重大违法行为给予较重的行政处罚，环境保护主管部门负责人应当集体审议决定。

集体审议过程应当予以记录。

17. 行政处罚决定书

×××环境保护厅（局）
行政处罚决定书

______环罚〔　　〕　　号

（当事人名称或者姓名，与营业执照、居民身份证一致）：
营业执照注册号（公民身份号码）：________组织机构代码证：____________
社会信用代码：________________________
地址：_____________________法定代表人（负责人）：__________________

我厅（局）于_____年____月____日对你（单位）进行了调查，发现你（单位）实施了以下环境违法行为：

（陈述违法事实，如违法行为发生的时间、地点、情节、动机、危害后果等内容）

以上事实，有（列举证据形式，阐述证据所要证明的内容）等证据为凭。

你（单位）的上述行为违反了（相关法律、法规、规章名称及条款序号）的规定。

我局于_____年____月__日以《行政处罚事先（听证）告知书》（××〔　〕×号）告知你（单位）陈述申辩权（听证申请权）。______年____月____日，（叙述陈述申辩及听证过程、当事人意见理由及证据、环保部门采纳当事人意见的情况及理由。有从重、从轻、减轻或其他有裁量幅度的，说明法定理由和依据。）

依据（相关法律、法规、规章名称及条款序号）的规定，阐述适用行政处罚裁量基准制度，我厅（局）决定对你（单位）处以如下行政处罚：

1. ____________________________________。

2. 罚款（大写）________________________元。

限于接到本处罚决定之日起 15 日内缴至指定银行和账号。逾期不缴纳罚款的，我厅（局）可以根据《中华人民共和国行政处罚法》第七十二条第一项规定每日按罚款数额的3%加处罚款。

收款银行：________________ 户名：________________

账号：________________________________

你（单位）如不服本处罚决定，可在收到本处罚决定书之日起60日内向×××人民政府或者×××环境保护厅（局）申请行政复议，也可以在6个月内向×××人民法院提起行政诉讼。申请行政复议或者提起行政诉讼，不停止行政处罚决定的执行。

逾期不申请行政复议，不提起行政诉讼，又不履行本处罚决定的，我厅（局）将依法申请人民法院强制执行。

×××环境保护厅（局）（印章）

年　月　日

【制作指南】

一、适用范围

（一）环保部门外部文书，送达当事人。

（二）适用于经过调查取证确认当事人存在环境违法行为，作出行政处罚决定。

二、文书内容

（一）有环保部门名称、文书名称和发文字号。

（二）有当事人名称或姓名、地址。当事人为法人或者其他组织的，填写名称和地址（与营业执照一致）、营业执照注册号、组织机构代码（实行了"三码合一"的填写社会信用代码，不再填写营业执照注册号、组织机构代码）、法定代表人（负责人）姓名和职务；当事人为公民或者个体工商户、个人合伙的，注明姓名（营业执照中有字号的应注明登记的字号）、公民身份号码、住址（与居民身份证、营业执照一致）。无营业执照的填写实际地址。

（三）有调查机构名称、调查时间。

（四）有违法行为信息，如时间、地点、行为、情节、动机、后果等。

（五）有证据信息，如证据名称、提取（作出）时间、提供（作出）单位、证明内容等。

（六）有违反的法律、法规、规章名称和条款序号。法律、法规、规章名称用全称，如《中华人民共和国环境保护法》。

（七）有陈述申辩、听证过程、当事人意见理由及证据、环保部门采纳当事人意见的情况及理由。

当事人放弃陈述、申辩的，也予以说明。

（八）有从重、从轻、减轻或其他有裁量幅度的，说明法定理由和依据。

（九）有行政处罚的依据，如注明"依据（相关法律、法规、规章名称及条款序号）的规定"。

（十）有行政处罚的种类、幅度信息。

（十一）有行政处罚的履行方式和期限信息。

（十二）告知不服行政处罚决定的救济途径和期限，如"你（单位）如不服本处罚决定，可在收到本处罚决定书之日起60日内向×××人民政府或者×××环境保护厅（局）申请行政复议，也可以在6个月内向×××人民法院提起行政诉讼。"

（十三）有不履行处罚决定的法律后果，如“逾期不申请行政复议，不提起行政诉讼，又不履行本处罚决定的，我局将依法申请人民法院强制执行。”

（十四）有环保部门印章、作出决定的日期。

三、注意事项

（一）行政处罚决定一经作出，任何人不得擅自变更或者撤销。

（二）采集和使用的证据应合法、有效。常见的证据主要有现场检查笔录、调查询问笔录、身份证明、营业执照、现场照片、销售单据、抽样检验结论等书证物证。

（三）行政处罚决定作出后，应在法定期限内以法定方式送达当事人，并提取送达回证。

（四）加强对行政处罚决定书履行情况的监督，及时申请人民法院强制执行，确保执行到位。

（五）行政处罚决定书应有说理性内容，说明事理、情理和法理。主要包括：

1. 对违法行为的构成要件、因果关系和违法事实的认定过程等陈述清楚。

2. 阐述证据形式和证据所要证明的内容。

3. 适用法律依据时应当完整地引用定性依据和处罚依据。

4. 对当事人陈述申辩理由、证据或听证的过程、结论和行政机关是否采纳意见的理由、依据，应当详细阐述，当事人放弃陈述申辩或听证的也应予以说明。

5. 作出从重、从轻、减轻或其他有裁量幅度的行政处罚的，应当在行政处罚决定书中说明法定理由和依据。

（六）本文书一份送达当事人（使用送达回证），一份随卷归档（附送达回证）。

【法律依据】

1. **《中华人民共和国行政处罚法》**（2021 年 1 月 22 日）

第五十九条 行政机关依照本法第五十七条的规定给予行政处罚，应当制作行政处罚决定书。行政处罚决定书应当载明下列事项：

（一）当事人的姓名或者名称、地址；

（二）违反法律、法规、规章的事实和证据；

（三）行政处罚的种类和依据；

（四）行政处罚的履行方式和期限；

（五）申请行政复议、提起行政诉讼的途径和期限；

（六）作出行政处罚决定的行政机关名称和作出决定的日期。

行政处罚决定书必须盖有作出行政处罚决定的行政机关的印章。

第七十二条 当事人逾期不履行行政处罚决定的，作出行政处罚决定的行政机关可以采取下列措施：

（一）到期不缴纳罚款的，每日按罚款数额的百分之三加处罚款，加处罚款的数额不得超出罚款的数额；

（二）根据法律规定，将查封、扣押的财物拍卖、依法处理或者将冻结的存款、汇款划拨抵缴罚款；

（三）根据法律规定，采取其他行政强制执行方式；

（四）依照《中华人民共和国行政强制法》的规定申请人民法院强制执行。

行政机关批准延期、分期缴纳罚款的，申请人民法院强制执行的期限，自暂缓或者分期缴纳罚款期限结束之日起计算。

2.**《环境行政处罚办法》**（2010年1月19日）

第五十三条 【处罚决定书的制作】决定给予行政处罚的，应当制作行政处罚决定书。

对同一当事人的两个或者两个以上环境违法行为，可以分别制作行政处罚决定书，也可以列入同一行政处罚决定书。

第五十四条 【处罚决定书的内容】行政处罚决定书应当载明以下内容：

（一）当事人的基本情况，包括当事人姓名或者名称、组织机构代码、营业执照号码、地址等；

（二）违反法律、法规或者规章的事实和证据；

（三）行政处罚的种类、依据和理由；

（四）行政处罚的履行方式和期限；

（五）不服行政处罚决定，申请行政复议或者提起行政诉讼的途径和期限；

（六）作出行政处罚决定的环境保护主管部门名称和作出决定的日期，并且加盖作出行政处罚决定环境保护主管部门的印章。

18. 送达回证

×××环境保护厅（局）
送 达 回 证

送达文书名称及文号	
受送达人名称或姓名	
送 达 地 点	
送 达 方 式	
收件人签字（或盖章） 及收件日期	（与受送达人的关系： ） 年 月 日
送达人（两人签字）	
送达机关盖章	年 月 日
备 注	

【制作指南】

一、适用范围

（一）环保部门内部文书。

（二）适用于文书送达，证明当事人已经收到法律文书。

二、文书内容

（一）有环保部门名称、文书的名称和文号。

（二）有送达的文书名称和发文文号。

（三）有受送达人名称或姓名（与处罚文书一致）。受送达人为法人或其他组织的，应使用全称；受送达人名称或姓名，应与案件当事人一致。

（四）有送达日期和送达地点信息。

（五）注明送达方式。委托送达、留置送达的应在备注中注明情况；公告送达应将公告文书归档入卷；邮寄送达的可以将挂号信回执粘贴于备注中。

（六）收件人签名或盖章并注明收件日期。收件人是当事人以外的其他人代收的，应注明与受送达人的关系。受送达人拒收的，送达人应在备注栏注明拒收的理由，并请见证人签名或盖章。

（七）送达人签名。

（八）有送达机关印章。

三、注意事项

（一）行政处罚文书的送达方式和期限参照《中华人民共和国民事诉讼法》有关规定执行。

（二）送达方式为直接送达的，应由受送达人签收，被送达人不在时可由其他有关人员代签收，但应注明与受送达人的关系；受送达人拒绝签收的，行政执法人员可作留置送达，但应在备注栏注明情况，并邀请有关证明人签字证明；委托送达的案件应注明；邮寄送达的，应用挂号信，并作登记和索要回执；公告送达时应登记公告时间和公告范围、形式及载体，并将公告载体作附件存档。

（三）可以当场认定违法排放污染物的，应当在现场调查时向排污者送达责令改正违法行为决定书，责令立即停止违法排放污染物行为。

（四）需要通过环境监测认定违法排放污染物的，应当在取得环境监测报告后 3 个工作日内下达责令改正违法行为决定书，责令立即停止违法排放污染物行为。

（五）其他行政处罚文书7个工作日内送达。

（六）送达回证附在所送文书后随卷归档。

【法律依据】

1. **《中华人民共和国行政处罚法》**（2021年1月22日）

第六十一条 行政处罚决定书应当在宣告后当场交付当事人；当事人不在场的，行政机关应当在七日内依照《中华人民共和国民事诉讼法》的有关规定，将行政处罚决定书送达当事人。

当事人同意并签订确认书的，行政机关可以采用传真、电子邮件等方式，将行政处罚决定书等送达当事人。

2. **《环境行政处罚办法》**（2010年1月19日）

第五十六条 【处罚决定的送达】行政处罚决定书应当送达当事人，并根据需要抄送与案件有关的单位和个人。

第五十七条 【送达方式】送达行政处罚文书可以采取直接送达、留置送达、委托送达、邮寄送达、转交送达、公告送达、公证送达或者其他方式。

送达行政处罚文书应当使用送达回证并存档。

3. **《中华人民共和国民事诉讼法》**（2017年6月27日）

第八十二条 期间包括法定期间和人民法院指定的期间。

期间以时、日、月、年计算。期间开始的时和日，不计算在期间内。

期间届满的最后一日是节假日的，以节假日后的第一日为期间届满的日期。

期间不包括在途时间，诉讼文书在期满前交邮的，不算过期。

第八十三条 当事人因不可抗拒的事由或者其他正当理由耽误期限的，在障碍消除后的十日内，可以申请顺延期限，是否准许，由人民法院决定。

第八十四条 送达诉讼文书必须有送达回证，由受送达人在送达回证上记明收到日期，签名或者盖章。

受送达人在送达回证上的签收日期为送达日期。

第八十五条 送达诉讼文书，应当直接送交受送达人。受送达人是公民的，本人不在交他的同住成年家属签收；受送达人是法人或者其他组织的，应当由法人的法定代表人、其他组织的主要负责人或者该法人、组织负责收件的人签收；受送达人有诉讼代理人的，可以送交其代理人签收；受送达人已向人民法院指定代收人的，送交代收人签收。

受送达人的同住成年家属，法人或者其他组织的负责收件的人，诉讼代理人或者代收人在送达回证上签收的日期为送达日期。

第八十六条 受送达人或者他的同住成年家属拒绝接收诉讼文书的，送达人可以邀请有关基层组织或者所在单位的代表到场，说明情况，在送达回证上记明拒收事由和日期，由送达人、见证人签名或者盖章，把诉讼文书留在受送达人的住所；也可以把诉讼文书留在受送达人的住所，并采用拍照、录像等方式记录送达过程，即视为送达。

第八十七条 经受送达人同意，人民法院可以采用传真、电子邮件等能够确认其收悉的方式送达诉讼文书，但判决书、裁定书、调解书除外。

采用前款方式送达的，以传真、电子邮件等到达受送达人特定系统的日期为送达日期。

第八十八条 直接送达诉讼文书有困难的，可以委托其他人民法院代为送达，或者邮寄送达。邮寄送达的，以回执上注明的收件日期为送达日期。

第八十九条 受送达人是军人的，通过其所在部队团以上单位的政治机关转交。

第九十条 受送达人被监禁的，通过其所在监所转交。

受送达人被采取强制性教育措施的，通过其所在强制性教育机构转交。

第九十一条 代为转交的机关、单位收到诉讼文书后，必须立即交受送达人签收，以在送达回证上的签收日期，为送达日期。

第九十二条 受送达人下落不明，或者用本节规定的其他方式无法送达的，公告送达。自发出公告之日起，经过六十日，即视为送达。

公告送达，应当在案卷中记明原因和经过。

19. 同意分期（延期）缴纳罚款通知书

×××环境保护厅（局）
同意分期（延期）缴纳罚款通知书

______环分（延）缴字〔　　〕　　号

（当事人名称或者姓名，与营业执照、居民身份证一致）：
营业执照注册号（公民身份号码）：________组织机构代码证：____________
社会信用代码：____
地址：____________________________法定代表人（负责人）：____________

我厅（局）于______年____月____日作出的《行政处罚决定书》______（　环罚〔　　〕　号），对你（单位）罚款________元（大写）。你（单位）于______年____月____日申请（分期、延期缴纳罚款）。

依据《中华人民共和国行政处罚法》第六十六条第二款的规定，我厅（局）同意你（单位）延期至______年____月____日前缴纳罚款。[批准分期缴纳罚款的，写明：依据《中华人民共和国行政处罚法》第五十二条的规定，我厅（局）同意你（单位）分期缴纳罚款。第____期至______年____月____日前，缴纳罚款__________元（大写）；第____期至______年____月____日前，缴纳罚款__________元（大写）；第____期至______年____月____日前，缴纳罚款__________元（大写）。]

代收机构以本通知书为据，办理收款手续。

逾期未缴纳罚款的，我厅（局）可以依据《中华人民共和国行政处罚法》第七十二条第（一）项的规定，每日按罚款数额的3%加处罚款。加处的罚款由代收机构直接收缴。

×××环境保护厅（局）（印章）
年　　月　　日

【制作指南】

一、适用范围

（一）环保部门外部文书，送达当事人。

（二）适用于对确有经济困难的当事人分期或者延期缴纳罚款的申请，批复同意。

二、文书内容

（一）有环保部门名称、文书名称和发文字号。

（二）有当事人名称或姓名、地址。当事人为法人或者其他组织的，填写名称和地址（与营业执照一致）、营业执照注册号、组织机构代码（实行了“三码合一”的填写社会信用代码，不再填写营业执照注册号、组织机构代码）、法定代表人姓名和职务；当事人为公民或者个体工商户、个人合伙的，填写姓名（营业执照中有字号的应注明登记的字号）和地址（与居民身份证、营业执照一致）。无营业执照的填写实际地址。

（三）有作出罚款的《行政处罚决定书》的基本信息。如“　　年　　月　　日《行政处罚决定书》（××〔　　〕×号），对你（单位）罚款　　元（大写）”。

（四）有当事人的申请信息，如“你（单位）于　　年　　月　　日申请（分期或者延期缴纳罚款）”。

（五）有同意分期或延期的依据。如《中华人民共和国行政处罚法》第六十六条第二款。

（六）有分期或者延期的具体期限信息。同意延期缴纳的，写明缴纳的最后期限；同意分期缴纳的，写明期次、每期金额和每期期限。

（七）告知逾期缴纳罚款的法律后果。

（八）有环保部门印章、作出决定的日期。

三、注意事项

（一）同意延期或者分期缴纳罚款的审批条件是“确有经济困难”。

（二）行政处罚决定书确定的缴纳期限届满后提出申请的，不予批准。

（三）延期或者分期缴纳的最后一期缴纳时间不得晚于申请人民法院强制执行的最后期限。

（四）本文书一份送达当事人（使用送达回证），一份送达罚款收缴机构，一份随卷归档（附送达回证）。

【法律依据】

1.《中华人民共和国行政处罚法》（2021 年 1 月 22 日）

第六十六条第二款 当事人确有经济困难，需要延期或者分期缴纳罚款的，经当事人申请和行政机关批准，可以暂缓或者分期缴纳。

第七十二条 当事人逾期不履行行政处罚决定的，作出行政处罚决定的行政机关可以采取下列措施：

（一）到期不缴纳罚款的，每日按罚款数额的百分之三加处罚款，加处罚款的数额不得超出罚款的数额；

（二）根据法律规定，将查封、扣押的财物拍卖、依法处理或者将冻结的存款、汇款划拨抵缴罚款；

（三）根据法律规定，采取其他行政强制执行方式；

（四）依照《中华人民共和国行政强制法》的规定申请人民法院强制执行。

行政机关批准延期、分期缴纳罚款的，申请人民法院强制执行的期限，自暂缓或者分期缴纳罚款期限结束之日起计算。

2.《环境行政处罚办法》（2010 年 1 月 19 日）

第六十四条 【延期或者分期缴纳罚款】确有经济困难，需要延期或者分期缴纳罚款的，当事人应当在行政处罚决定书确定的缴纳期限届满前，向作出行政处罚决定的环境保护主管部门提出延期或者分期缴纳的书面申请。

批准当事人延期或者分期缴纳罚款的，应当制作同意延期（分期）缴纳罚款通知书，并送达当事人和收缴罚款的机构。延期或者分期缴纳的最后一期缴纳时间不得晚于申请人民法院强制执行的最后期限。

20. 行政处罚案件结案审批表

×××环境保护厅（局）
行政处罚案件结案审批表

<table>
<tr><td>案　由</td><td colspan="3"></td><td>案件来源</td><td></td></tr>
<tr><td>当事人
名称/姓名</td><td colspan="3"></td><td>法定代表人
（负责人）</td><td></td></tr>
<tr><td>工作单位</td><td colspan="3"></td><td>职务或职业</td><td></td></tr>
<tr><td>地址或住址</td><td colspan="5"></td></tr>
<tr><td>立案时间</td><td>年　月　日</td><td>案件承办人及
执法证编号</td><td colspan="3"></td></tr>
<tr><td>行政处罚
决定书文号</td><td colspan="5"></td></tr>
<tr><td>简要案情及
查处经过</td><td colspan="5"></td></tr>
<tr><td>处理依据
及结果</td><td colspan="5"></td></tr>
<tr><td>行政复议
行政诉讼情况</td><td colspan="5"></td></tr>
<tr><td>处罚执行情况
及罚没财物的
处置情况</td><td colspan="5"></td></tr>
<tr><td>承办人
意　见</td><td colspan="5">年　月　日</td></tr>
</table>

承办机构 负责人意见	年　　月　　日
环保部门 负责人 审批意见	年　　月　　日
备　注	

【制作指南】

一、适用范围

（一）环保部门内部文书。

（二）适用于行政处罚案件办理完毕的结案审批。

二、文书内容

（一）有环保部门名称、文书名称。

（二）有案件基本信息，如立案时间、案由、案件来源。

（三）有当事人基本信息，如名称或姓名、地址，法定代表人（负责人）姓名、职务。

（四）有简要案情和案件调查处理过程，如立案号、违法行为发生的时间、地点、情节、后果等；违反的法律法规；调查取证经过和主要证据。

（五）有行政处罚情况，如处罚文书名称及文号，作出行政处罚的依据条款和作出的行政处罚决定的种类、幅度，处理结果等内容

（六）有处罚执行情况及罚没财物的处理情况，如该行政处罚系当事人自动履行，还是申请人民法院强制执行，或者由行政机关依法强制执行；有没收违法所得或者非法财物的，应写明处置方式和处置结果，如上缴国库、依法拍卖或变卖、就地销毁或择期销毁等。

（七）有承办人建议结案的理由、签名及日期。

（八）承办机构负责人同意或不同意结案的意见、签名及日期。

（九）环保部门负责人同意或不同意结案的意见、签名及日期。

三、注意事项

（一）《环境行政处罚办法》第六十七条规定了结案条件：

1. 行政处罚决定由当事人履行完毕的。
2. 行政处罚决定依法强制执行完毕的。
3. 不予行政处罚等无须执行的。
4. 行政处罚决定被依法撤销的。
5. 环境保护主管部门认为可以结案的其他情形。

（二）环保部门同意分期（延期）履行行政处罚决定的，应在行政处罚执行情况栏予以注明。

（三）本文书原件随卷归档。

【法律依据】

1.《中华人民共和国行政处罚法》(2021 年 1 月 22 日)

第六十六条第二款 当事人确有经济困难，需要延期或者分期缴纳罚款的，经当事人申请和行政机关批准，可以暂缓或者分期缴纳。

第七十二条 当事人逾期不履行行政处罚决定的，作出行政处罚决定的行政机关可以采取下列措施：

（一）到期不缴纳罚款的，每日按罚款数额的百分之三加处罚款，加处罚款的数额不得超出罚款的数额；

（二）根据法律规定，将查封、扣押的财物拍卖、依法处理或者将冻结的存款、汇款划拨抵缴罚款；

（三）根据法律规定，采取其他行政强制执行方式；

（四）依照《中华人民共和国行政强制法》的规定申请人民法院强制执行。

行政机关批准延期、分期缴纳罚款的，申请人民法院强制执行的期限，自暂缓或者分期缴纳罚款期限结束之日起计算。

2.《环境行政处罚办法》(2010 年 1 月 19 日)

第六十四条 【延期或者分期缴纳罚款】 确有经济困难，需要延期或者分期缴纳罚款的，当事人应当在行政处罚决定书确定的缴纳期限届满前，向作出行政处罚决定的环境保护主管部门提出延期或者分期缴纳的书面申请。

批准当事人延期或者分期缴纳罚款的，应当制作同意延期（分期）缴纳罚款通知书，并送达当事人和收缴罚款的机构。延期或者分期缴纳的最后一期缴纳时间不得晚于申请人民法院强制执行的最后期限。

第六十七条 【结案】 有下列情形之一的，应当结案：

（一）行政处罚决定由当事人履行完毕的；

（二）行政处罚决定依法强制执行完毕的；

（三）不予行政处罚等无须执行的；

（四）行政处罚决定被依法撤销的；

（五）环境保护主管部门认为可以结案的其他情形。

21. 当场行政处罚决定书

×××环境保护厅（局）
当场行政处罚决定书（存根联）

统一编号：______环当罚字〔　　〕第　　号

__（当事人名称或姓名）__于____年____月____日____时，在__（违法地点）__因__（行为方式）__的行为，违反了__（法律依据名称条款）__的规定。执法人员当场告知其违法事实、依据和权利，__（听取当事人陈述申辩的情况）__。现依据__（法律依据名称条款）__，本机关当场决定对其处以警告和罚款____千____百____拾____元的处罚。缴款方式：（1）当场收缴。（2）要求其在本决定书之日起15日内将罚款交至__（银行名称、账号、账户）__。

当事人签名：________营业执照注册号（公民身份号码）：__________

联系地址：____________________电话：__________________

执法人员签名及执法证号：____________　　　年　　月　　日

……………………………（加盖行政执法主体骑缝章）……………………………

×××环境保护厅（局）
当场行政处罚决定书

统一编号：______环当罚字〔　　〕第　　号

当事人名称或姓名：____________________　　身份证号：__________

法定代表人或负责人姓名：__________地址：____________________

你（单位）于______年__月__日__时，在__（违法地点）__因__（行为方式）__的行为，违反了__（法律依据名称条款）__的规定，事实确凿。本机关执法人员当场向你（你们）告知了违法事实、依据和依法享有的权利。

并听取了你（你们）的陈述申辩（或：对此，你（你们）未作陈述申辩）。现依据＿（法律依据条款）＿＿＿＿，我局决定对你（单位）处以下行政处罚：

1. 警告； 2. 罚款人民币＿＿千＿＿百＿＿拾＿＿元整（大写）。

￥：＿＿＿＿

缴纳罚款方式：(1) 当场收缴。(2) 要求你（单位）自收到本决定书之日起15日内将罚款交至＿＿＿＿＿＿。账号：＿＿＿＿＿户名：＿＿＿＿。逾期缴纳罚款的，依据《中华人民共和国行政处罚法》第七十二条第（一）项的规定，每日按罚款数额的3%加处罚款。

如你（单位）对本决定不服，可在收到本决定书之日起60日内向×××环境保护厅（局）或者×××人民政府申请行政复议，也可在收到本决定书之日起6个月内向×××人民法院提起行政诉讼。

申请行政复议或者提起行政诉讼，不停止行政处罚决定的执行。

逾期不申请行政复议，不提起行政诉讼，又不履行本处罚决定的，我厅（局）将依法申请人民法院强制执行。

执法人员签名及执法证号：＿＿＿＿＿＿＿＿

×××环境保护厅（局）（印章）

年　　月　　日

【制作指南】

一、适用范围

（一）环保部门外部文书，送达当事人。

（二）适用于对违法事实确凿、情节轻微并有法定依据，对公民处以 50 元以下、对法人或者其他组织处以 1000 元以下罚款或者警告的行政处罚，当场作出行政处罚决定。

二、文书内容

（一）分“存根联”和“当事人联”，加盖环保部门骑缝章。

（二）“存根联”和“当事人联”均有环保部门名称、文书名称和统一编号。

（三）“存根联”和“当事人联”均有当事人名称或姓名、地址。

当事人为法人或者其他组织的，填写名称和地址（与营业执照一致）、营业执照注册号、组织机构代码、法定代表人（负责人）姓名和职务；当事人为公民或者个体工商户、个人合伙的，填写姓名（营业执照中有字号的应注明登记的字号）和地址（与居民身份证、营业执照一致）。

（四）“存根联”和“当事人联”均有违法行为信息，如时间、地点、行为、情节、动机、后果等。

（五）“存根联”和“当事人联”均有违反的法律、法规、规章名称和条款序号。法律、法规、规章名称用全称，如《中华人民共和国固体废物污染环境防治法》。

（六）“存根联”和“当事人联”均告知当事人陈述申辩权利及听取当事人陈述、申辩的情况。

当事人放弃陈述、申辩的，也予以说明。

（七）“存根联”和“当事人联”均有行政处罚的依据，如注明“依据（相关法律、法规、规章名称及条款序号）的规定”。

（八）“存根联”和“当事人联”均有行政处罚的种类、幅度信息。

（九）“存根联”和“当事人联”均有行政处罚的履行方式、期限信息。

（十）“存根联”和“当事人联”均有执法人员签名及执法证件号。

（十一）“当事人联”告知不服行政处罚决定的救济途径和期限，如“你（单位）如对本行政处罚决定不服，可在收到本行政处罚决定之日起 60 日内向×××环境保护局或者×××人民政府申请行政复议，也可在收到本行政处罚决定之日起6个月内向××人民法院提起行政诉讼。”

（十二）“当事人联”有不履行处罚决定的法律后果，如“逾期不申请行政复议，不提起行政诉讼，又不履行本处罚决定的，我局将依法申请人民法院强制执行。”

（十三）“当事人联”有环保部门印章、作出决定的日期。

（十四）“存根联”有当事人基本信息，如营业执照注册号（公民身份号码）、地址、电话。

（十五）“存根联”有当事人签名。当事人拒绝签名的，予以注明。

三、注意事项

（一）除法律另有规定的外，《当场行政处罚决定书》只适用于违法事实确凿、情节轻微并有法定依据，对公民处以50元以下、对法人或者其他组织处以1000元以下罚款或者警告的行政处罚。

（二）执法人员填写《当场行政处罚决定书》后，当场宣读并将“当事人联”交付当事人。

（三）当事人和执法人员在《当场行政处罚决定书》上填写的日期一致。

（四）当场收缴罚款的应交付法定罚款票据，并及时交至所属环保部门。

（五）执法人员作出当场行政处罚决定后，在3个工作日内报所属环保部门备案。

（六）“存根联”作为案卷存档。

【法律依据】

1. **《中华人民共和国行政处罚法》**（2021年1月22日）

第五十一条 违法事实确凿并有法定依据，对公民处以二百元以下、对法人或者其他组织处以三千元以下罚款或者警告的行政处罚的，可以当场作出行政处罚决定。法律另有规定的，从其规定。

第五十二条 执法人员当场作出行政处罚决定的，应当向当事人出示执法证件，填写预定格式、编有号码的行政处罚决定书，并当场交付当事人。当事人拒绝签收的，应当在行政处罚决定书上注明。

前款规定的行政处罚决定书应当载明当事人的违法行为，行政处罚的种类和依据、罚款数额、时间、地点，申请行政复议、提起行政诉讼的途径和期限以及行政机关名称，并由执法人员签名或者盖章。

执法人员当场作出的行政处罚决定，应当报所属行政机关备案。

第五十三条 对当场作出的行政处罚决定，当事人应当依照本法第六十七条至第六十九条的规定履行。

第七十二条 当事人逾期不履行行政处罚决定的，作出行政处罚决定的行政机关可以采取下列措施：

（一）到期不缴纳罚款的，每日按罚款数额的百分之三加处罚款，加处罚款的数额不得超出罚款的数额；

（二）根据法律规定，将查封、扣押的财物拍卖、依法处理或者将冻结的存款、汇款划拨抵缴罚款；

（三）根据法律规定，采取其他行政强制执行方式；

（四）依照《中华人民共和国行政强制法》的规定申请人民法院强制执行。

行政机关批准延期、分期缴纳罚款的，申请人民法院强制执行的期限，自暂缓或者分期缴纳罚款期限结束之日起计算。

2. **《环境行政处罚办法》**（2010 年 1 月 19 日）

第五十八条 【简易程序的适用】 违法事实确凿、情节轻微并有法定依据，对公民处以 50 元以下、对法人或者其他组织处以 1000 元以下罚款或者警告的行政处罚，可以适用本章简易程序，当场作出行政处罚决定。

第五十九条 【简易程序规定】 当场作出行政处罚决定时，环境执法人员不得少于两人，并应遵守下列简易程序：

（一）执法人员应向当事人出示中国环境监察证或者其他行政执法证件；

（二）现场查清当事人的违法事实，并依法取证；

（三）向当事人说明违法的事实、行政处罚的理由和依据、拟给予的行政处罚，告知陈述、申辩权利；

（四）听取当事人的陈述和申辩；

（五）填写预定格式、编有号码、盖有环境保护主管部门印章的行政处罚决定书，由执法人员签名或者盖章，并将行政处罚决定书当场交付当事人；

（六）告知当事人如对当场作出的行政处罚决定不服，可以依法申请行政复议或者提起行政诉讼。

以上过程应当制作笔录。

执法人员当场作出的行政处罚决定，应当在决定之日起 3 个工作日内报所属环境保护主管部门备案。

22. 按日连续处罚决定书

×××环境保护厅（局）
按日连续处罚决定书

______环连罚字〔　　〕　　号

（当事人名称或者姓名，与营业执照、居民身份证一致）：
营业执照注册号（公民身份号码）：____________组织机构代码证：________
社会信用代码：______________________________
地址：______________________________法定代表人（负责人）：______________________________

我厅（局）于______年____月____日对你（单位）进行了调查，发现你（单位）实施了以下环境违法行为：

（陈述违法事实，如违法行为发生的时间、地点、情节、动机、危害后果等内容）。

以上事实，有＿（列举证据形式，阐述证据所要证明的内容）＿＿等证据为凭。

你（单位）的上述行为违反了＿（相关法律、法规、规章名称及条款序号）＿＿的规定。

我厅（局）于______年____月____日向你（单位）送达了《责令改正违法行为决定书》（××〔 〕×号）。______年____月____日，我厅（局）对你（单位）送达了《行政处罚决定书》（××〔　　〕×号）罚款________元。

______年____月____日，我厅（局）对你（单位）组织复查中发现：

____________（拒不改正的违法事实）______________________________

____________________。

以上事实，有（列举证据形式，阐述证据所要证明的内容）等证据为证。

你（单位）的上述行为违反了（相关法律、法规、规章名称及条款序号）的规定。

我厅（局）于______年____月____日以＿《行政处罚事先（听证）告知

书》（××［　］×号）＿＿告知你（单位）陈述申辩权（听证申请权）。＿＿＿年＿＿月＿＿日，＿＿（叙述陈述申辩及听证过程、当事人意见理由及证据、环保部门采纳当事人意见的情况及理由。有从重、从轻、减轻或其他有裁量幅度的，说明法定理由和依据。）

依据《中华人民共和国行政处罚法》第二十八条和《中华人民共和国环境保护法》第五十九条的规定，经研究，我厅（局）决定对你（单位）自＿＿＿年＿＿月＿＿日起至＿＿＿年＿＿月＿＿日止实施按日连续处罚：

罚款（大写）＿＿＿＿＿＿＿＿＿＿＿＿元。

罚款限于接到本处罚决定之日起15日内缴至指定银行和账号。逾期不缴纳罚款的，我厅（局）可以依据《中华人民共和国行政处罚法》第七十二条第一项之规定，每日按罚款数额的3%加处罚款。

收款银行：＿＿＿＿＿＿＿＿＿＿＿＿＿＿户名：＿＿＿＿＿＿＿＿

账号：＿＿＿＿＿＿＿＿＿＿＿＿＿＿＿＿＿＿＿＿＿＿＿＿＿

如不服本处罚决定，可在收到本处罚决定书之日起60日内向×××环境保护厅（局）或者向×××人民政府申请复议，也可在6个月内向×××人民法院提起行政诉讼。申请行政复议或者提起行政诉讼，不停止行政处罚决定的执行。

逾期不申请行政复议，不提起行政诉讼，又不履行本处罚决定的，我局将依法申请人民法院强制执行。

×××环境保护厅（局）（印章）

年　　月　　日

【制作指南】

一、适用范围

（一）环保部门外部文书，送达当事人。

（二）适用于经过调查取证确认当事人存在违法行为，作出按日连续处罚决定。

二、文书内容

（一）有环保部门名称、文书名称和发文字号。

（二）有当事人名称或姓名、地址。当事人为法人或者其他组织的，填写名称和地址（与营业执照一致）、营业执照注册号、组织机构代码（实行了“三码合一”的填写社会信用代码，不再填写营业执照注册号、组织机构代码）、法定代表人姓名和职务；当事人为公民或者个体工商户、个人合伙的，填写姓名（营业执照中有字号的应注明登记的字号）和地址（与居民身份证、营业执照一致）。无营业执照的填写实际地址。

（三）有调查机构名称、调查时间。

（四）有违法行为信息，如时间、地点、情节、构成要件、动机、危害后果等内容。

（五）有证据信息，如证据名称、提取（作出）时间、提供（作出）单位、证明内容等。

（六）有违反的法律、法规、规章名称和条款序号。法律、法规、规章名称用全称，如《中华人民共和国环境保护法》。

（七）有责令改正违法行为决定书的信息，如送达时间、发文字号等。

（八）有原行政处罚决定书的信息，如送达时间、发文字号、罚款金额等。

（九）有复查时间，复查应当在送达责令改正违法行为决定书之日起 30 日内。

（十）有拒不改正的违法事实，如责令改正违法行为决定书送达后，环境保护主管部门复查发现仍在继续违法排放污染物的或者拒绝、阻挠环境保护主管部门实施复查的。

（十一）有按日连续处罚的依据、计罚日数、数额、履行方式和期限。

（十二）告知不服行政处罚决定的救济途径和期限，如“你（单位）如对本行政处罚决定不服，可在收到本行政处罚决定之日起 60 日内向×××环境保护局或者×××人民政府申请行政复议，也可在收到本行政处罚决定之日起6个月内向×××人民法院提起行政诉讼。”

（十三）有不履行处罚决定的法律后果，如“逾期不申请行政复议，不提起行政诉讼，又不履行本处罚决定的，我局将依法申请人民法院强制执行。”

（十四）有环保部门印章、作出决定的日期。

三、注意事项

（一）按日连续处罚的适用范围参照《环境保护主管部门实施按日连续处罚办法》（部令第28号）第五条执行。

（二）采集和使用的证据应合法、有效。常见的证据主要有现场检查笔录、调查询问笔录、身份证明、营业执照、现场照片、销售单据、采样检验结论等书证物证。

（三）按日连续处罚的计罚日数为责令改正违法行为决定书送达排污者之日的次日起，至环境保护主管部门复查发现违法排放污染物行为之日止。再次复查仍拒不改正的，计罚日数累计执行。

（四）按日连续处罚每日的罚款数额，为原处罚决定书确定的罚款数额。按照按日连续处罚规则决定的罚款数额，为原处罚决定书确定的罚款数额乘以计罚日数。

（五）按日连续处罚决定作出后，应在法定期限内以法定方式送达当事人。

（六）本文书一份送达当事人（使用送达回证），一份随卷归档（附送达回证）。

【法律依据】

1.**《中华人民共和国行政处罚法》**（2021年1月22日）

第二十八条 行政机关实施行政处罚时，应当责令当事人改正或者限期改正违法行为。

当事人有违法所得，除依法应当退赔的外，应当予以没收。违法所得是指实施违法行为所取得的款项。法律、行政法规、部门规章对违法所得的计算另有规定的，从其规定。

第七十二条 当事人逾期不履行行政处罚决定的，作出行政处罚决定的行政机关可以采取下列措施：

（一）到期不缴纳罚款的，每日按罚款数额的百分之三加处罚款，加处罚款的数额不得超出罚款的数额；

（二）根据法律规定，将查封、扣押的财物拍卖、依法处理或者将冻结的存款、汇款划拨抵缴罚款；

（三）根据法律规定，采取其他行政强制执行方式；

（四）依照《中华人民共和国行政强制法》的规定申请人民法院强制执行。

行政机关批准延期、分期缴纳罚款的，申请人民法院强制执行的期限，自暂缓或者分期缴纳罚款期限结束之日起计算。

2. **《中华人民共和国环境保护法》**（2014 年 4 月 24 日）

第五十九条 企业事业单位和其他生产经营者违法排放污染物，受到罚款处罚，被责令改正，拒不改正的，依法作出处罚决定的行政机关可以自责令改正之日的次日起，按照原处罚数额按日连续处罚。

前款规定的罚款处罚，依照有关法律法规按照防治污染设施的运行成本、违法行为造成的直接损失或者违法所得等因素确定的规定执行。

地方性法规可以根据环境保护的实际需要，增加第一款规定的按日连续处罚的违法行为的种类。

3. **《环境保护主管部门实施按日连续处罚办法》**（2014 年 12 月 19 日）

第五条 排污者有下列行为之一，受到罚款处罚，被责令改正，拒不改正的，依法作出罚款处罚决定的环境保护主管部门可以实施按日连续处罚：

（一）超过国家或者地方规定的污染物排放标准，或者超过重点污染物排放总量控制指标排放污染物的；

（二）通过暗管、渗井、渗坑、灌注或者篡改、伪造监测数据，或者不正常运行防治污染设施等逃避监管的方式排放污染物的；

（三）排放法律、法规规定禁止排放的污染物的；

（四）违法倾倒危险废物的；

（五）其他违法排放污染物行为。

23. 查封（扣押）决定书

×××环境保护厅（局）
查封（扣押）决定书

______环查（扣）字〔　　〕　　号

（当事人名称或者姓名，与营业执照、居民身份证一致）：
营业执照注册号（公民身份号码）：____________组织机构代码证：________
社会信用代码：________________
地址：__________________________法定代表人（负责人）：____________

我厅（局）于______年____月____日对你（单位）进行了调查，发现你（单位）实施了以下环境违法行为：
（陈述违法事实，如违法行为发生的时间、地点、情节、动机、危害后果等内容）

以上事实，有（列举证据形式，阐述证据所要证明的内容）等证据为凭。

本机关认为你（单位）的上述行为违反了（相关法律、法规、规章名称及条款序号）的规定。

依据（相关法律、法规、规章名称及条款序号）的规定，本机关决定对你（单位）（涉案物品场所设施、设备名称、数量）予以查封（扣押）。查封（扣押）期限为____日（时间从______年____月____日起至______年____月____日止）；查封（扣押）期限不包括检测或技术鉴定的时间。查封（扣押）设施、设备存放于（地址），在此期间，你（单位）不得擅自损毁封条、变更查封状态或者启用已查封的设施、设备。

如你（单位）对本行政强制措施不服，可以在收到本决定书之日起60日内向×××人民政府或者×××环境保护厅（局）申请行政复议，也可以在收到本决定书之日起6个月内向×××人民法院提起行政诉讼。申请行政复议或者提起行政诉讼，不停止本决定的执行。

×××环境保护厅（局）（印章）
年　　月　　日

【制作指南】

一、适用范围

（一）环保部门外部文书，送达当事人。

（二）含两种文书：一是《查封决定书》，适用于决定对涉案设施、设备予以查封；二是《扣押决定书》，适用于决定对涉案设施、设备予以扣押。

二、文书内容

（一）有环保部门名称、文书名称和发文字号。

（二）有当事人名称或姓名、地址。当事人为法人或者其他组织的，填写名称和地址（与营业执照一致）、营业执照注册号、组织机构代码（实行了“三码合一”的填写社会信用代码，不再填写营业执照注册号、组织机构代码）、法定代表人（负责人）姓名和职务；当事人为公民或者个体工商户、个人合伙的，注明姓名（营业执照中有字号的应注明登记的字号）、公民身份号码、住址（与居民身份证、营业执照一致）。无营业执照的填写实际地址。

（三）有调查机构名称、调查时间。

（四）有实施查封（扣押）的法律、法规、规章依据和法定事由。法律、法规、规章名称用全称，如《中华人民共和国环境保护法》。

（五）有证据信息，如证据名称、提取（作出）时间、提供（作出）单位、证明内容等。

（六）有查封（扣押）的信息，如期限、场所、存放地点、涉案物品名称、数量等。

（七）告知当事人应遵守的义务，如“你（单位）不得擅自损毁封条、变更查封状态或者启用已查封的设施、设备”。

（八）告知不服查封扣押决定的救济途径和期限，如“你（单位）如对本查封（扣押）决定不服，可在收到本决定之日起60日内向×××环境保护局或者×××人民政府申请行政复议，也可在收到本决定之日起6个月内向×××人民法院提起行政诉讼。”

（九）有环保部门印章、作出决定的日期。

二、注意事项

（一）实施查封、扣押的适用范围参照《环境保护主管部门实施查封、扣押办法》（部令第29号）第四条执行。

（二）情况紧急，需要当场实施查封、扣押的，应当在实施后24小时内补办批准手续。环境保护主管部门负责人认为不需要实施查封、扣押的，应当立即解除。

（三）查封、扣押的期限不得超过30日；情况复杂的，经本级环境保护主管部门负责人批准可以延长，但延长期限不得超过30日。法律、法规另有规定的除外。

（四）排污者阻碍执法、擅自损毁封条、变更查封状态或者隐藏、转移、变卖、启用已查封的设施、设备的，环境保护主管部门应当依据《中华人民共和国治安管理处罚法》等法律法规及时提请公安机关依法处理。

（五）查封、扣押决定书应当当场交付排污者负责人或者受委托人签收。排污者负责人或者受委托人应当签名或者盖章，注明日期。实施查封、扣押过程中，排污者负责人或者受委托人拒不到场或者拒绝签名、盖章的，环境行政执法人员应当予以注明，并可以邀请见证人到场，由见证人和环境行政执法人员签名或者盖章。

【法律依据】

1.**《中华人民共和国行政强制法》**（2011年6月30日）

第九条 行政强制措施的种类：

（一）限制公民人身自由；

（二）查封场所、设施或者财物；

（三）扣押财物；

（四）冻结存款、汇款；

（五）其他行政强制措施。

第二十二条 查封、扣押应当由法律、法规规定的行政机关实施，其他任何行政机关或者组织不得实施。

第二十三条 查封、扣押限于涉案的场所、设施或者财物，不得查封、扣押与违法行为无关的场所、设施或者财物；不得查封、扣押公民个人及其所扶养家属的生活必需品。

当事人的场所、设施或者财物已被其他国家机关依法查封的，不得重复查封。

第二十四条 行政机关决定实施查封、扣押的，应当履行本法第十八条规定的程序，制作并当场交付查封、扣押决定书和清单。

查封、扣押决定书应当载明下列事项：

（一）当事人的姓名或者名称、地址；

（二）查封、扣押的理由、依据和期限；

（三）查封、扣押场所、设施或者财物的名称、数量等；

（四）申请行政复议或者提起行政诉讼的途径和期限；

（五）行政机关的名称、印章和日期。

查封、扣押清单一式二份，由当事人和行政机关分别保存。

第二十五条 查封、扣押的期限不得超过三十日；情况复杂的，经行政机关负责人批准，可以延长，但是延长期限不得超过三十日。法律、行政法规另有规定的除外。

延长查封、扣押的决定应当及时书面告知当事人，并说明理由。

对物品需要进行检测、检验、检疫或者技术鉴定的，查封、扣押的期间不包括检测、检验、检疫或者技术鉴定的期间。检测、检验、检疫或者技术鉴定的期间应当明确，并书面告知当事人。检测、检验、检疫或者技术鉴定的费用由行政机关承担。

第二十六条 对查封、扣押的场所、设施或者财物，行政机关应当妥善保管，不得使用或者损毁；造成损失的，应当承担赔偿责任。

对查封的场所、设施或者财物，行政机关可以委托第三人保管，第三人不得损毁或者擅自转移、处置。因第三人的原因造成的损失，行政机关先行赔付后，有权向第三人追偿。

因查封、扣押发生的保管费用由行政机关承担。

第二十七条 行政机关采取查封、扣押措施后，应当及时查清事实，在本法第二十五条规定的期限内作出处理决定。对违法事实清楚，依法应当没收的非法财物予以没收；法律、行政法规规定应当销毁的，依法销毁；应当解除查封、扣押的，作出解除查封、扣押的决定。

第二十八条 有下列情形之一的，行政机关应当及时作出解除查封、扣押决定：

（一）当事人没有违法行为；

（二）查封、扣押的场所、设施或者财物与违法行为无关；

（三）行政机关对违法行为已经作出处理决定，不再需要查封、扣押；

（四）查封、扣押期限已经届满；

（五）其他不再需要采取查封、扣押措施的情形。

解除查封、扣押应当立即退还财物；已将鲜活物品或者其他不易保管的财物拍卖或者变卖的，退还拍卖或者变卖所得款项。变卖价格明显低于市场价格，给当事人造成损失的，应当给予补偿。

2.**《环境保护主管部门实施查封、扣押办法》**（2014年12月19日）

第四条 排污者有下列情形之一的，环境保护主管部门依法实施查封、扣押：

（一）违法排放、倾倒或者处置含传染病病原体的废物、危险废物、含重金属污染物或者持久性有机污染物等有毒物质或者其他有害物质的；

（二）在饮用水水源一级保护区、自然保护区核心区违反法律法规规定排放、倾倒、处置污染物的；

（三）违反法律法规规定排放、倾倒化工、制药、石化、印染、电镀、造纸、制革等工业污泥的；

（四）通过暗管、渗井、渗坑、灌注或者篡改、伪造监测数据，或者不正常运行防治污染设施等逃避监管的方式违反法律法规规定排放污染物的；

（五）较大、重大和特别重大突发环境事件发生后，未按照要求执行停产、停排措施，继续违反法律法规规定排放污染物的；

（六）法律、法规规定的其他造成或者可能造成严重污染的违法排污行为。

有前款第一项、第二项、第三项、第六项情形之一的，环境保护主管部门可以实施查封、扣押；已造成严重污染或者有前款第四项、第五项情形之一的，环境保护主管部门应当实施查封、扣押。

3.**《中华人民共和国治安管理处罚法》**（2012年10月26日）

第六十条 有下列行为之一的，处五日以上十日以下拘留，并处二百元以上五百元以下罚款：

（一）隐藏、转移、变卖或者损毁行政执法机关依法扣押、查封、冻结的财物的；

（二）伪造、隐匿、毁灭证据或者提供虚假证言、谎报案情，影响行政执法机关依法办案的；

（三）明知是赃物而窝藏、转移或者代为销售的；

（四）被依法执行管制、剥夺政治权利或者在缓刑、暂予监外执行中的罪犯或者被依法采取刑事强制措施的人，有违反法律、行政法规或者国务院有关部门的监督管理规定的行为。

24. 查封、扣押清单

×××环境保护厅（局）
查封、扣押清单

被查封、扣押单位名称：

名称	数量	型号及特征	生产厂家	生产日期	存放地点

被查封人签名：________________ 年 月 日

执法人员姓名及执法证号：________________ 年 月 日

执法人员姓名及执法证号：________________ 年 月 日

见证人签名：________________ 年 月 日

注：本清单一式两份，被执行人和行政执法机关各存一份。如委托第三人保管的，应同时交第三人收执。

【制作指南】

一、适用范围

（一）环保部门外部文书，送达当事人。

（二）本清单随《查封（扣押）决定书》一同下达。

二、文书内容

（一）有环保部门名称、文书名称。

（二）有当事人的名称或姓名。

（三）有涉案物品查封、扣押的场所和存放地点。

（四）标明查封（扣押）物品名称、数量、型号及特征、生产厂家、生产日期等信息。

（五）有执法人员的签名、并注明执法证件号码、日期。

（六）有当事人签名及日期。

三、注意事项

（一）对扣押的设施、设备，环境保护主管部门应当妥善保管，也可以委托第三人保管。扣押期间设施、设备的保管费用由环境保护主管部门承担。

（二）当事人不在场的，可由其他人代签，但必须注明与当事人的关系；当事人拒绝签字的，环境行政执法人员应当予以注明，并可以邀请见证人到场，由见证人和环境行政执法人员签名或者盖章。

（三）本文书一式两份，被执行人和行政执法机关各存一份。如委托第三人保管的，应同时交第三人收执。

【法律依据】

1.**《中华人民共和国行政强制法》**（2011年6月30日）

第九条 行政强制措施的种类：

（一）限制公民人身自由；

（二）查封场所、设施或者财物；

（三）扣押财物；

（四）冻结存款、汇款；

（五）其他行政强制措施。

第二十四条 行政机关决定实施查封、扣押的，应当履行本法第十八条规定的程序，制作并当场交付查封、扣押决定书和清单。

查封、扣押决定书应当载明下列事项：

（一）当事人的姓名或者名称、地址；

（二）查封、扣押的理由、依据和期限；

（三）查封、扣押场所、设施或者财物的名称、数量等；

（四）申请行政复议或者提起行政诉讼的途径和期限；

（五）行政机关的名称、印章和日期。

查封、扣押清单一式二份，由当事人和行政机关分别保存。

2.**《环境保护主管部门实施查封、扣押办法》**（2014年12月19日）

第四条 排污者有下列情形之一的，环境保护主管部门依法实施查封、扣押：

（一）违法排放、倾倒或者处置含传染病病原体的废物、危险废物、含重金属污染物或者持久性有机污染物等有毒物质或者其他有害物质的；

（二）在饮用水水源一级保护区、自然保护区核心区违反法律法规规定排放、倾倒、处置污染物的；

（三）违反法律法规规定排放、倾倒化工、制药、石化、印染、电镀、造纸、制革等工业污泥的；

（四）通过暗管、渗井、渗坑、灌注或者篡改、伪造监测数据，或者不正常运行防治污染设施等逃避监管的方式违反法律法规规定排放污染物的；

（五）较大、重大和特别重大突发环境事件发生后，未按照要求执行停产、停排措施，继续违反法律法规规定排放污染物的；

（六）法律、法规规定的其他造成或者可能造成严重污染的违法排污行为。

有前款第一项、第二项、第三项、第六项情形之一的，环境保护主管部门可以实施查封、扣押；已造成严重污染或者有前款第四项、第五项情形之一的，环境保护主管部门应当实施查封、扣押。

25. 查封（扣押）延期通知书

×××环境保护厅（局）
查封（扣押）延期通知书

______环查（扣）延字〔　　〕　　号

(当事人名称或者姓名，与营业执照、居民身份证一致)：

我厅（局）于______年____月____日依法对你（单位）(简述环境违法行为)________________作出查封（扣押）决定书（　环查扣决字〔　　〕号），因　延长查封（扣押）理由，现根据《中华人民共和国行政强制法》第二十五条第一款的规定，经研究决定，现依法决定延长查封（扣押）期限（延长时间从______年____月____日起至______年____月____日止）。

×××环境保护厅（局）（印章）

年　　月　　日

【制作指南】

一、适用范围

（一）环保部门外部文书，送达当事人。

（二）适用于查封、扣押措施需要延期的情况。

二、文书内容

（一）有环保部门名称、文书名称和发文字号。

（二）有当事人的名称或姓名。

（三）有查封（扣押）决定的文书名称、文号、简要事由及作出日期。

（四）有延长查封（扣押）的理由、法律、法规、规章依据，法律、法规名称用全称，如《中华人民共和国行政强制法》。

（五）有延长查封（扣押）措施的起止日期。

（六）有环保部门印章、作出决定的日期。

三、注意事项

（一）情况复杂的，经本级环境保护主管部门负责人批准可以延长，但延长期限不得超过30日。法律、法规另有规定的除外。

（二）本文书一式两份，被执行人和行政执法机关各存一份。如委托第三人保管的，应同时交第三人收执。

【法律依据】

《中华人民共和国行政强制法》（2011年6月30日）

第二十五条 查封、扣押的期限不得超过三十日；情况复杂的，经行政机关负责人批准，可以延长，但是延长期限不得超过三十日。法律、行政法规另有规定的除外。

延长查封、扣押的决定应当及时书面告知当事人，并说明理由。

对物品需要进行检测、检验、检疫或者技术鉴定的，查封、扣押的期间不包括检测、检验、检疫或者技术鉴定的期间。检测、检验、检疫或者技术鉴定的期间应当明确，并书面告知当事人。检测、检验、检疫或者技术鉴定的费用由行政机关承担。

26. 解除查封（扣押）决定书

×××环境保护厅（局）
解除查封（扣押）决定书

______环解查（扣）字〔　　〕　　号

(当事人名称或者姓名，与营业执照、居民身份证一致)：

我厅（局）于______年____月____日依法对你（单位）(简述环境违法行为)____________作出查封（扣押）决定书（　环查（扣）决字〔　　〕　号），因　解除查封（扣押）理由　，现根据《中华人民共和国行政强制法》第二十八条第一款的规定，经研究，现依法决定解除查封（扣押）。

扣押决定应注明：请你（单位）于______年____月____日前凭本决定书以及《查封（扣押）清单》到______（物品存放地点）______领取被扣押物品。逾期不领取的，我厅（局）将依照有关规定予以处理。

×××环境保护厅（局）（印章）

年　　月　　日

【制作指南】

一、适用范围

（一）环保部门外部文书，送达当事人。

（二）含两种文书：一是《解除查封决定书》，适用于对已经实施查封措施的涉案设施、设备予以解除查封措施；二是《解除扣押决定书》，适用于对已经实施暂扣措施的涉案设施、设备予以解除扣押措施。

二、文书内容

（一）有环保部门名称、文书名称和发文字号。

（二）有当事人的名称或姓名。

（三）有查封（扣押）决定的文书名称、文号、简要事由及作出日期。

（四）有当初实施查封（扣押）设施、设备的地点和概况。

（五）有解除查封（扣押）措施的起始日期。

（六）有解除查封（扣押）设施、设备的清单。

（七）有环保部门印章、作出决定的日期。

三、注意事项

（一）环境保护主管部门应当自收到解除查封、扣押申请之日起 5 个工作日内，组织核查，并根据核查结果作出解除或维持决定。

（二）查封、扣押措施被解除的，环境保护主管部门应当立即通知排污者，并自解除查封、扣押决定作出之日起 3 个工作日内送达解除决定。扣押措施被解除的，还应当通知排污者领回扣押物；无法通知的，应当进行公告，排污者应当自招领公告发布之日起 60 日内领回；逾期未领回的，所造成的损失由排污者自行承担。

（三）解除查封（扣押）措施的决定，应当由当初作出查封（扣押）决定书的环保部门作出。

（四）本文书一份送达当事人（使用送达回证），一份随卷归档（附送达回证）。

【法律依据】

《中华人民共和国行政强制法》（2011 年 6 月 30 日）

第二十八条 有下列情形之一的，行政机关应当及时作出解除查封、扣押决定：

（一）当事人没有违法行为；

（二）查封、扣押的场所、设施或者财物与违法行为无关；

（三）行政机关对违法行为已经作出处理决定，不再需要查封、扣押；

（四）查封、扣押期限已经届满；

（五）其他不再需要采取查封、扣押措施的情形。

解除查封、扣押应当立即退还财物；已将鲜活物品或者其他不易保管的财物拍卖或者变卖的，退还拍卖或者变卖所得款项。变卖价格明显低于市场价格，给当事人造成损失的，应当给予补偿。

2.《环境行政处罚办法》（2010年1月19日）

第四十二条　【查封暂扣解除】经查明与违法行为无关或者不再需要采取查封、暂扣措施的，应当解除查封、暂扣措施，将查封、暂扣的财物如数返还当事人，并由调查人员和当事人在财物清单上签名或者盖章。

27. 移送涉嫌环境违法适用行政拘留处罚案件审批表

×××环境保护厅（局）
移送涉嫌环境违法适用行政拘留处罚案件审批表

单位公章：　　　　　　　　　审批号：__________环拘移〔　　〕　　号

<table>
<tr><td>案　由</td><td colspan="5"></td></tr>
<tr><td>企业名称或
其他经营者</td><td colspan="2"></td><td colspan="2">组织机构代码
（或者社会信用代码）</td><td></td></tr>
<tr><td>地　址</td><td colspan="3"></td><td>邮政编码</td><td></td></tr>
<tr><td>法定代表人
或负责人</td><td></td><td>有效证件及号码</td><td></td><td>联系电话</td><td></td></tr>
<tr><td>企业主要
负责人</td><td></td><td>有效证件及号码</td><td></td><td>联系电话</td><td></td></tr>
<tr><td>调查人员</td><td colspan="2"></td><td>承办部门</td><td colspan="2"></td></tr>
<tr><td>案情简介</td><td colspan="5"></td></tr>
<tr><td>行政拘留处罚
移送依据和
处理意见</td><td colspan="5">经办人：　　　　　　年　　月　　日</td></tr>
<tr><td>部门执法
机构意见</td><td colspan="5">年　　月　　日</td></tr>
<tr><td>部门法制
机构意见</td><td colspan="5">年　　月　　日</td></tr>
<tr><td>厅（局）
领导意见</td><td colspan="5">年　　月　　日</td></tr>
</table>

【制作指南】

一、适用范围

（一）环保部门内部文书。

（二）适用于移送涉嫌环境违法适用行政拘留处罚案件的内部审核程序。

二、文书内容

（一）有环保部门名称、文书名称和发文字号。

（二）有当事人名称或姓名、地址。当事人为法人或者其他组织的，填写名称和地址（与营业执照一致）、组织机构代码（实行了“三码合一”的填写社会信用代码，不再填写组织机构代码）、法定代表人（负责人）及企业主要负责人的姓名、有效证件号码、联系方式；当事人为公民或者个体工商户、个人合伙的，注明姓名（营业执照中有字号的应注明登记的字号）、公民身份号码、联系方式住址（与居民身份证、营业执照一致）。无营业执照的填写实际地址。

（三）有调查机构名称、调查人员姓名。

（四）有简要案情，载明违法行为发生的时间、地点、情节等简要情况。

（五）有移送行政拘留的依据和经办人的处理意见。

（六）有法制机构负责人同意或不同意的意见、签名及日期。

（七）有厅（局）负责人同意或不同意的审批意见、签名及日期。

三、注意事项

使用本表，应与所要作出决定的事项相对应。填写的内容应当准确、清楚，审核、审批意见应当明确。

【法律依据】

1.《**环境行政处罚办法**》（2010年1月19日）

第十六条　【外部移送】发现不属于环境保护主管部门管辖的案件，应当按照有关要求和时限移送有管辖权的机关处理。

涉嫌违法依法应当由人民政府实施责令停产整顿、责令停业、关闭的案件，环境保护主管部门应当立案调查，并提出处理建议报本级人民政府。

涉嫌违法依法应当实施行政拘留的案件，移送公安机关。

涉嫌违反党纪、政纪的案件，移送纪检、监察部门。

涉嫌犯罪的案件，按照《行政执法机关移送涉嫌犯罪案件的规定》等有关规定移送司法机关，不得以行政处罚代替刑事处罚。

28. 涉嫌环境违法适用行政拘留处罚案件移送书

×××环境保护厅（局）
涉嫌环境违法适用行政拘留处罚案件移送书

<table>
<tr><td>案　由</td><td colspan="5"></td></tr>
<tr><td>企业名称或
其他经营者</td><td colspan="3"></td><td>组织机构代码
（或者社会信用代码）</td><td></td></tr>
<tr><td>地　址</td><td colspan="3"></td><td>邮政编码</td><td></td></tr>
<tr><td>法定代表人
或负责人</td><td></td><td>有效证件
及号码</td><td></td><td>联系电话</td><td></td></tr>
<tr><td>企业主要
负责人</td><td></td><td>有效证件
及号码</td><td></td><td>联系电话</td><td></td></tr>
<tr><td>调查人员</td><td colspan="3"></td><td>承办部门</td><td></td></tr>
<tr><td>简要案情</td><td colspan="5"></td></tr>
<tr><td>移送依据</td><td colspan="5">《中华人民共和国环境保护法》第六十三条；
《行政主管部门移送适用行政拘留环境违法案件暂行办法》。</td></tr>
<tr><td>移送建议</td><td colspan="5"></td></tr>
<tr><td colspan="6">经办人（执法证号）：

年　　月　　日
（行政机关公章）</td></tr>
</table>

【制作指南】

一、适用范围

（一）环保部门外部文书，送达公安机关。

（二）适用于环境违法行为需要移送公安机关实施行政拘留的案件。

二、文书内容

（一）有环保部门名称、文书名称。

（二）有案由信息。

（三）有当事人名称或姓名、地址。当事人为法人或者其他组织的，填写名称和地址（与营业执照一致）、组织机构代码（实行了“三码合一”的填写社会信用代码，不再填写组织机构代码）、法定代表人（负责人）及企业主要负责人的姓名、有效证件号码、联系方式；当事人为公民或者个体工商户、个人合伙的，注明姓名（营业执照中有字号的应注明登记的字号）、公民身份号码、联系方式住址（与居民身份证、营业执照一致）。无营业执照的填写实际地址。

（四）有简要案情，载明违法行为发生的时间、地点、情节等简要情况。

（五）有移送依据和移送建议。

（六）有经办人签章、执法证号及日期。

（七）有环保部门印章、作出决定的日期。

三、注意事项

（一）移送情形适用于县级以上环境保护主管部门或者其他负有环境保护监督管理职责的部门办理尚不构成犯罪，依法作出行政处罚决定后，仍需要移送公安机关处以行政拘留的案件。

（二）移送情形按照《中华人民共和国环境保护法》第六十三条和《行政主管部门移送适用行政拘留环境违法案件暂行办法》等规定执行。

【法律依据】

1.**《中华人民共和国环境保护法》**（2014 年 4 月 24 日）

第六十三条 企业事业单位和其他生产经营者有下列行为之一，尚不构成犯罪的，除依照有关法律法规规定予以处罚外，由县级以上人民政府环境保护主管部门或者其他有关部门将案件移送公安机关，对其直接负责的主管人员和其他直接责任人员，处十日以上十五日以下拘留；情节较轻的，处五日以上十日以下拘留：

（一）建设项目未依法进行环境影响评价，被责令停止建设，拒不执行的；

（二）违反法律规定，未取得排污许可证排放污染物，被责令停止排污，拒不执行的；

（三）通过暗管、渗井、渗坑、灌注或者篡改、伪造监测数据，或者不正常运行防治污染设施等逃避监管的方式违法排放污染物的；

（四）生产、使用国家明令禁止生产、使用的农药，被责令改正，拒不改正的。

2. **《行政主管部门移送适用行政拘留环境违法案件暂行办法》**（2014年12月24日）

第一条 为规范环境违法案件行政拘留的实施，监督和保障职能部门依法行使职权，依据《中华人民共和国环境保护法》（以下简称《环境保护法》）的规定，制定本办法。

第二条 本办法适用于县级以上环境保护主管部门或者其他负有环境保护监督管理职责的部门办理尚不构成犯罪，依法作出行政处罚决定后，仍需要移送公安机关处以行政拘留的案件。

第三条 《环境保护法》第六十三条第一项规定的建设项目未依法进行环境影响评价，被责令停止建设，拒不执行的行为，包括以下情形：

（一）送达责令停止建设决定书后，再次检查发现仍在建设的；

（二）现场检查时虽未建设，但有证据证明在责令停止建设期间仍在建设的；

（三）被责令停止建设后，拒绝、阻扰环境保护主管部门或者其他负有环境保护监督管理职责的部门核查的。

第四条 《环境保护法》第六十三条第二项规定的违反法律规定，未取得排污许可证排放污染物，被责令停止排污，拒不执行的行为，包括以下情形：

（一）送达责令停止排污决定书后，再次检查发现仍在排污的；

（二）现场检查虽未发现当场排污，但有证据证明在被责令停止排污期间有过排污事实的；

（三）被责令停止排污后，拒绝、阻挠环境保护主管部门或者其他具有环境保护管理职责的部门核查的。

第五条 《环境保护法》第六十三条第三项规定的通过暗管、渗井、渗坑、灌注等逃避监管的方式违法排放污染物，是指通过暗管、渗井、渗坑、灌注等不经法定排放口排放污染物等逃避监管的方式违法排放污染物：

暗管是指通过隐蔽的方式达到规避监管目的而设置的排污管道，包括埋入地下的水泥管、瓷管、塑料管等，以及地上的临时排污管道；

渗井、渗坑是指无防渗漏措施或起不到防渗作用的、封闭或半封闭的坑、池、塘、井和沟、渠等；

灌注是指通过高压深井向地下排放污染物。

第六条 《环境保护法》第六十三条第三项规定的通过篡改、伪造监测数据等逃避监管的方式违法排放污染物，是指篡改、伪造用于监控、监测污染物排放的手工及自动监测仪器设备的监测数据，包括以下情形：

（一）违反国家规定，对污染源监控系统进行删除、修改、增加、干扰，或者对污染源监控系统中存储、处理、传输的数据和应用程序进行删除、修改、增加，造成污染源监控系统不能正常运行的；

（二）破坏、损毁监控仪器站房、通讯线路、信息采集传输设备、视频设备、电力设备、空调、风机、采样泵及其它监控设施的，以及破坏、损毁监控设施采样管线，破坏、损毁监控仪器、仪表的；

（三）稀释排放的污染物故意干扰监测数据的；

（四）其他致使监测、监控设施不能正常运行的情形。

第七条 《环境保护法》第六十三条第三项规定的通过不正常运行防治污染设施等逃避监管的方式违法排放污染物，包括以下情形：

（一）将部分或全部污染物不经过处理设施，直接排放的；

（二）非紧急情况下开启污染物处理设施的应急排放阀门，将部分或者全部污染物直接排放的；

（三）将未经处理的污染物从污染物处理设施的中间工序引出直接排放的；

（四）在生产经营或者作业过程中，停止运行污染物处理设施的；

（五）违反操作规程使用污染物处理设施，致使处理设施不能正常发挥处理作用的；

（六）污染物处理设施发生故障后，排污单位不及时或者不按规程进行检查和维修，致使处理设施不能正常发挥处理作用的；

（七）其他不正常运行污染防治设施的情形。

第八条 《环境保护法》第六十三条第四项规定的生产、使用国家明令禁止生产、使用的农药，被责令改正，拒不改正的行为，包括以下情形：

（一）送达责令改正文书后再次检查发现仍在生产、使用的；

（二）无正当理由不及时完成责令改正文书规定的改正要求的；

（三）送达责令改正文书后，拒绝、阻挠环境保护、农业、工业和信息化、质量监督检验检疫等主管部门核查的。

国家明令禁止生产、使用的农药是指法律、行政法规和国家有关部门规章、规范性文件明令禁止生产、使用的农药。

第九条 《环境保护法》第六十三条规定的直接负责的主管人员是指违法行为主要获利者和在生产、经营中有决定权的管理、指挥、组织人员；其他直接责任人员是指直接排放、倾倒、处置污染物或者篡改、伪造监测数据的工作人员等。

第十条 县级以上人民政府环境保护主管部门或者其他负有环境保护监督管理职责的部门向公安机关移送环境违法案件，应当制作案件移送审批单，报经本部门负责人批准。

第十一条 案件移送部门应当向公安机关移送下列案卷材料：

（一）移送材料清单；

（二）案件移送书；

（三）案件调查报告；

（四）涉案证据材料；

（五）涉案物品清单；

（六）行政执法部门的处罚决定等相关材料；

（七）其他有关涉案材料等。

案件移送部门向公安机关移送的案卷材料应当为原件，移送前应当将案卷材料复印备查。案件移送部门对移送材料的真实性、合法性负责。

第十二条 案件移送部门应当在作出移送决定后3日内将案件移送书和案件相关材料移送至同级公安机关；公安机关应当按照《公安机关办理行政案件程序规定》的要求受理。

3. **《环境行政处罚办法》**（2010年1月19日）

第十六条 **【外部移送】**发现不属于环境保护主管部门管辖的案件，应当按照有关要求和时限移送有管辖权的机关处理。

涉嫌违法依法应当由人民政府实施责令停产整顿、责令停业、关闭的案件，环境保护主管部门应当立案调查，并提出处理建议报本级人民政府。

涉嫌违法依法应当实施行政拘留的案件，移送公安机关。

涉嫌违反党纪、政纪的案件，移送纪检、监察部门。

涉嫌犯罪的案件，按照《行政执法机关移送涉嫌犯罪案件的规定》等有关规定移送司法机关，不得以行政处罚代替刑事处罚。

29. 涉嫌环境违法适用行政拘留处罚案件移送材料清单

×××环境保护厅（局）
涉嫌环境违法适用行政拘留处罚案件移送材料清单

案由：

材料名称	数 量	提供部门	备 注

移送部门人员签名（执法证号）

年 月 日

（移送机关盖章）

公安机关签收人签名（警官证号）

年 月 日

（移送机关盖章）

注：本清单一式两份，移送部门和公安机关各存一份。

【制作指南】

一、适用范围

（一）环保部门外部文书，送达公安机关。

（二）随《涉嫌环境违法适用行政拘留处罚案件移送书》一同下达。

二、文书内容

（一）有移送清单中材料名称、数量、提供部门等信息。

（二）有移送部门执法人员签名和执法证号。

（三）有移送机关的行政机关印章及日期。

三、注意事项

（一）移送材料应包括：案件移送书、案件调查报告、涉案证据材料、涉案物品清单、行政执法部门的处罚决定等相关材料。

（二）案件移送部门向公安机关移送的案卷材料应当为原件，移送前应当将案卷材料复印备查。

（三）案件移送部门应当在作出移送决定后3个工作日内将案件移送书和案件相关材料移送至同级公安机关。

【法律依据】

《行政主管部门移送适用行政拘留环境违法案件暂行办法》（2014年12月24日）

第十一条　案件移送部门应当向公安机关移送下列案卷材料：

（一）移送材料清单；

（二）案件移送书；

（三）案件调查报告；

（四）涉案证据材料；

（五）涉案物品清单；

（六）行政执法部门的处罚决定等相关材料；

（七）其他有关涉案材料等。

案件移送部门向公安机关移送的案卷材料应当为原件，移送前应当将案卷材料复印备查。案件移送部门对移送材料的真实性、合法性负责。

30. 责令停产整治决定书

×××环境保护厅（局）
责令停产整治决定书

______环责停字〔　　〕　　号

(当事人名称或者姓名，与营业执照、居民身份证一致)：
营业执照注册号（公民身份号码）：________组织机构代码证：____________
社会信用代码：________________
地址：______________________法定代表人（负责人）：______________

我厅（局）于______年____月____日对你（单位）进行了调查，发现你（单位）实施了以下环境违法行为：
(陈述违法事实，如违法行为发生的时间、地点、情节、动机、危害后果等内容)____
____

以上事实，有（列举证据形式，阐述证据所要证明的内容）等证据为凭。

依据《中华人民共和国环境保护法》第六十条的规定，本机关决定责令你（单位）停产整治。改正方式包括：（停止生产、制定整治方案、实施整改等）____。

你（单位）应当在收到本决定书后立即整改，并在15个工作日内将整改方案报我厅（局）备案并向社会公开。

你（单位）完成整改任务后，应当在15个工作日内将整改任务完成情况和整改信息社会公开情况，报我厅（局）备案，并提交监测报告以及整改期间生产用电量、用水量、主要产品产量与整改前的对比情况等材料。停产整治决定自报我厅（局）备案之日起解除。

我厅（局）将依法对你（单位）履行停产整治措施的情况实施后督察，并依法作出处理或处罚。

如你（单位）对本决定不服，可以在收到本决定书之日起60日内向×××

人民政府或者×××环境保护厅（局）申请行政复议，也可以在收到本决定书之日起6个月内向×××人民法院提起行政诉讼。

×××环境保护厅（局）（印章）

年　　月　　日

【制作指南】

一、适用范围

（一）环保部门外部文书，送达当事人。

（二）适用于对超标超总量的违法行为作出停产整治决定。

二、文书内容

（一）有环保部门名称、文书名称和发文字号。

（二）有当事人名称或姓名、地址。当事人为法人或者其他组织的，填写名称和地址（与营业执照一致）、营业执照注册号、组织机构代码（实行了“三码合一”的填写社会信用代码，不再填写营业执照注册号、组织机构代码）、法定代表人（负责人）姓名和职务；当事人为公民或者个体工商户、个人合伙的，注明姓名（营业执照中有字号的应注明登记的字号）、公民身份号码、住址（与居民身份证、营业执照一致）。无营业执照的填写实际地址。

（三）有调查机构名称、调查时间。

（四）有违法行为信息，如时间、地点、行为、情节、动机、后果等。

（五）有证据信息，如证据名称、提取（作出）时间、提供（作出）单位、证明内容等。

（六）有责令停产整治的法律、法规、规章依据，法律、法规、规章名称用全称，如《中华人民共和国环境保护法》，注明条款序号。

（七）有责令停产整治的方式，如停止生产、制定整治方案、实施整改等。

（八）告知当事人解除停产整治措施的程序。

（九）告知不服停产整治决定的救济途径和期限，如“你（单位）如对本决定不服，可在收到本决定之日起 60 日内向×××环境保护局或者×××人民政府申请行政复议，也可在收到本行政决定之日起 6 个月内向×××人民法院提起行政诉讼”。

（十）有环保部门印章、作出决定的日期。

三、注意事项

（一）责令停产整治的适用范围依据《环境保护主管部门实施限制生产、停产整治办法》（部令第 30 号）第六条执行。

（二）环境保护主管部门可以单独制作责令停产整治决定书，也可以在行政处罚决定书中载明要求。

（三）停产整治的期限，自责令停产整治决定书送达排污者之日起，至停产整治决定解除之日止。

（四）此文书一式两份，一份交于当事人、一份随卷归档。随卷时应附《内部审批表》和《送达回证》。

【法律依据】

1.《**中华人民共和国环境保护法**》（2014年4月24日）

第六十条 企业事业单位和其他生产经营者超过污染物排放标准或者超过重点污染物排放总量控制指标排放污染物的，县级以上人民政府环境保护主管部门可以责令其采取限制生产、停产整治等措施；情节严重的，报经有批准权的人民政府批准，责令停业、关闭。

2.《**环境保护主管部门实施查封、扣押办法**》（2014年12月19日）

第六条 具备下列情形之一的排污者，造成或者可能造成严重污染的，环境保护主管部门应当按照有关环境保护法律法规予以处罚，可以不予实施查封、扣押：

（一）城镇污水处理、垃圾处理、危险废物处置等公共设施的运营单位；

（二）生产经营业务涉及基本民生、公共利益的；

（三）实施查封、扣押可能影响生产安全的。

31. 责令限制生产决定书

×××环境保护厅（局）
责令限制生产决定书

______环责限字〔　　〕　　号

(当事人名称或者姓名，与营业执照、居民身份证一致)：

营业执照注册号（公民身份号码）：________组织机构代码证：____________

社会信用代码：____

地址：__________________________法定代表人（负责人）：______________

我厅（局）于____年____月__日对你（单位）进行了调查，发现你（单位）实施了以下环境违法行为：

(陈述违法事实，如违法行为发生的时间、地点、情节、动机、危害后果等内容)____

____

以上事实，有（列举证据形式，阐述证据所要证明的内容）等证据为凭。

依据《中华人民共和国环境保护法》第六十条的规定，我机关决定责令你（单位）自______年____月____日起至______年____月____日止限制生产。改正方式包括：(制定整治方案、实施整改、自行或委托监测等)。

你（单位）应当在收到本决定书后立即整改，并在15个工作日内将整改方案报我厅（局）备案并向社会公开。整改期间不得超过污染物排放标准或者重点污染物日最高允许排放总量控制指标排放污染物，并按照环境监测技术规范进行监测或者委托有条件的环境监测机构开展监测，保存监测记录。

你（单位）完成整改任务后，应当在15个工作日内将整改任务完成情况和整改信息社会公开情况，报我厅（局）备案，并提交监测报告以及整改期间生产用电量、用水量、主要产品产量与整改前的对比情况等材料。限制生产决定自报我厅（局）备案之日起解除。

我厅（局）将依法对你（单位）履行限制生产措施的情况实施后督察，

并依法作出处理或处罚。

如你（单位）对本决定不服，可以在收到本决定书之日起60日内向×××人民政府或者×××环境保护厅（局）申请行政复议，也可以在收到本决定书之日起6个月内向×××人民法院提起行政诉讼。

×××环境保护厅（局）（印章）

年　　月　　日

【制作指南】

一、适用范围

（一）环保部门外部文书，送达当事人。

（二）适用于对超标超总量的违法行为作出限制生产决定。

二、文书内容

（一）有环保部门名称、文书名称和发文字号。

（二）有当事人名称或姓名、地址。当事人为法人或者其他组织的，填写名称和地址（与营业执照一致）、营业执照注册号、组织机构代码（实行了“三码合一”的填写社会信用代码，不再填写营业执照注册号、组织机构代码）、法定代表人（负责人）姓名和职务；当事人为公民或者个体工商户、个人合伙的，注明姓名（营业执照中有字号的应注明登记的字号）、公民身份号码、住址（与居民身份证、营业执照一致）。无营业执照的填写实际地址。

（三）有调查机构名称、调查时间。

（四）有违法行为信息，如时间、地点、行为、情节、动机、后果等。

（五）有证据信息，如证据名称、提取（作出）时间、提供（作出）单位、证明内容等。

（六）有责令限制生产的法律、法规、规章依据，法律、法规、规章名称用全称，如《中华人民共和国环境保护法》，注明条款序号。

（七）有责令限制生产的期限和制定整治方案、实施整改、自行或委托监测等改正方式。

（八）告知当事人解除限制生产措施的程序。

（九）告知不服限制生产决定的救济途径和期限，如“你（单位）如对本决定不服，可在收到本决定之日起 60 日内向×××环境保护局或者×××人民政府申请行政复议，也可在收到本行政决定之日起 6 个月内向×××人民法院提起行政诉讼”。

（十）有环保部门印章、作出决定的日期。

三、注意事项

（一）责令限制生产的适用范围依据《环境保护主管部门实施限制生产、停产整治办法》（部令第 30 号）第五条执行。

（二）环境保护主管部门可以单独制作责令限制生产决定书，也可以在行政处罚决定书中载明要求。

（三）限制生产一般不超过3个月；情况复杂的，经本级环境保护主管部门负责人批准，可以延长，但延长期限不得超过3个月。

（四）此文书一式两份，一份交于当事人、一份随卷归档。随卷时应附《内部审批表》和《送达回证》。

【法律依据】

1.《**中华人民共和国环境保护法**》（2014年4月24日）

第六十条 企业事业单位和其他生产经营者超过污染物排放标准或者超过重点污染物排放总量控制指标排放污染物的，县级以上人民政府环境保护主管部门可以责令其采取限制生产、停产整治等措施；情节严重的，报经有批准权的人民政府批准，责令停业、关闭。

2.《**环境保护主管部门实施查封、扣押办法**》（2014年12月19日）

第五条 环境保护主管部门查封、扣押排污者造成污染物排放的设施、设备，应当符合有关法律的规定。不得重复查封、扣押排污者已被依法查封的设施、设备。

对不易移动的或者有特殊存放要求的设施、设备，应当就地查封。查封时，可以在该设施、设备的控制装置等关键部件或者造成污染物排放所需供水、供电、供气等开关阀门张贴封条。

32. 督促履行义务催告书

×××环境保护厅（局）
督促履行义务催告书

______环催字〔　　〕　　号

(当事人名称或者姓名，与营业执照、居民身份证一致)：
营业执照注册号（公民身份号码）：__________组织机构代码证：__________
社会信用代码：____
地址：__________________________法定代表人（负责人）：__________

你（单位）(简述环境违法行为) 的行为，违反了 (相关法律、法规、规章名称及条款序号) 的规定。依据 (相关法律、法规、规章名称及条款序号) 的规定，我厅（局）已于______年____月____日作出行政处罚决定书（______环罚字〔　　〕　号）（对于申请执行责令改正决定的适用：作出责令改正违法行为决定书（______环改字〔　　〕　　号），对你（单位）作出______的行政处罚（行政命令）。

你（单位）于______年____月____日收到上述决定书后，未履行________________的决定，在法定期限内未申请行政复议或者提起行政诉讼。我厅（局）依据《中华人民共和国行政强制法》第五十四条的规定，责令你（单位）在接到本催告书后10日内履行行政处罚决定书（责令改正违法行为决定书）确定的下列义务：

1. ________________________________；

2. ________________________________。

你（单位）享有陈述、申辩的权利。逾期仍不履行义务的，我厅（局）将依法向×××人民法院申请强制执行。

联系人：________________________________电　话：______________

地　址：________________________________邮政编码：____________

×××环境保护厅（局）（印章）

年　　月　　日

【制作指南】

一、适用范围

（一）环保部门外部文书，送达当事人。

（二）适用于对当事人不履行行政决定的催告。

二、文书内容

（一）有环保部门名称、文书名称和发文字号。

（二）有当事人信息。当事人为法人或组织的，写明单位名称（与营业执照一致）、住址（与营业执照一致）、邮政编码、营业执照注册号、组织机构代码（实行了“三码合一”的填写社会信用代码，不再填写营业执照注册号、组织机构代码）、法定代表人（负责人）姓名及职务；当事人为公民或者个体工商户、个人合伙的，注明姓名（营业执照中有字号的应注明登记的字号）、公民身份号码、住址（与居民身份证、营业执照一致）。无营业执照的填写实际地址。

（三）有认定违法行为的事实、理由和依据。

（四）有作出的行政处罚决定（责令改正决定）的日期、文号和处罚内容。

（五）催告当事人应履行的义务和期限，以及不按期限履行义务的后果（将申请人民法院强制执行）。

（六）告知当事人陈述申辩的权利。

（七）有联系人信息，如电话、地址、邮编等。

（八）有环保部门印章、作出决定的日期。

三、注意事项

（一）催告当事人履行义务是行政机关申请法院强制执行之前必须履行的一项法定程序。

（二）行政机关应当告知当事人有陈述申辩的权利。

（三）本文书一式两份，一份送达当事人，一份随卷归档。

【法律依据】

《中华人民共和国行政强制法》（2011 年 6 月 30 日）

第五十四条　行政机关申请人民法院强制执行前，应当催告当事人履行义务。催告书送达十日后当事人仍未履行义务的，行政机关可以向所在地有管辖权的人民法院申请强制执行；执行对象是不动产的，向不动产所在地有管辖权的人民法院申请强制执行。

33. 行政处罚强制执行申请书

×××环境保护厅（局）
行政处罚强制执行申请书

______〔　　〕第　　号

申请人名称：____________________________地址：______________________
法定代表人姓名：________职务：_____电话：________ 邮政编码：______
委托代理人姓名：__________ 工作单位及职务：____________电话：______
被申请人名称或姓名：______________________ 地址：___________________
法定代表人（负责人）姓名：________ 电话：________邮政编码：______

对＿＿（当事人及其违法行为）＿＿一案，我局＿＿年＿＿月＿＿日＿＿（行政处罚决定或者责令改正决定的文书名称、文号）＿＿。（叙述当事人不履行行政处罚文书载明法定义务的情况，叙述环保部门催告履行义务情况，叙述行政复议和行政诉讼情况。）

依照《中华人民共和国行政强制法》第五十三条和《中华人民共和国行政处罚法》第七十二条之规定，特申请你院强制执行下列内容：

1. ___________________________________；
2. ___________________________________。

附：1.《行政处罚决定书》（或者《当场行政处罚决定书》《责令改正违法行为决定书》）副本______；

2. 法定代表人身份证明、授权委托书各一份；
3. 当事人的意见及行政机关催告情况；
4. 申请强制执行标的情况；
5. 证明具体行政行为合法的其他材料______件。

此致

______________________________人民法院

×××环境保护厅（局）负责人（签名）
×××环境保护厅（局）（印章）
年　　月　　日

【制作指南】

一、适用范围

（一）环保部门外部文书，送达人民法院。

（二）适用于在当事人不履行《行政处罚决定书》（或者《当场行政处罚决定书》《责令改正违法行为决定书》）等行政决定载明法定义务，向人民法院申请强制执行。

二、文书内容

（一）有环保部门名称、文书名称和发文文号。

（二）有申请人（作出处罚文书的环保部门）基本信息，如环保部门名称、地址、法定代表人姓名、职务、联系电话和邮政编码。委托代理人的，写明委托代理人姓名、工作单位、职务、电话。

（三）被申请人基本信息。被申请人为法人或者其他组织的，写明单位名称、地址、法定代表人（负责人）姓名、职务、电话、邮政编码；被申请人为公民的，写明姓名、地址、电话、邮政编码。

（四）有处罚文书已经生效的信息，如处罚文书名称、发文文号、送达日期。

（五）有当事人不履行处罚文书载明法定义务的情况，包括当事人全部未履行、部分未履行。

（六）有行政复议和行政诉讼的情况说明。如"被申请人在法定期限内既未申请行政复议又未提起行政诉讼"；经过行政复议的，写明"复议决定书送达后当事人未提起行政诉讼"；经过人民法院一审判决的，写明"第一审行政判决后当事人未提出上诉"；经过人民法院一审裁定的，写明"第一审行政裁定后当事人未提出上诉"；经过人民法院二审的，写明"第二审行政判决书已经送达"。

（七）有申请强制执行的法律依据，如《中华人民共和国行政强制法》第五十三条和《中华人民共和国行政处罚法》第七十二条。

（八）有申请强制执行的请求内容。

（九）有送达的人民法院名称。

（十）附有材料清单，如行政决定书及作出决定的事实、理由和依据；当事人的意见及行政机关催告情况；申请强制执行标的情况；法律、行政法规规定的其他材料。

（十一）有环保部门负责人签名、环保部门印章、作出日期。

三、注意事项

（一）《中华人民共和国行政强制法》第五十三条规定：当事人在法定期限内不申请行政复议或者提起行政诉讼，又不履行行政决定的，没有行政强制执行权的行政机关可以自期限届满之日起3个月内，依照本章规定申请人民法院强制执行。

行政处罚决定与责令改正违法行为决定均属于行政决定。因此，可申请强制执行的处罚文书有：《行政处罚决定书》《当场行政处罚决定书》《责令改正违法行为决定书》等。

（二）环保部门要及时向人民法院申请强制执行，可在下列期限内尽早提起：

1.《责令改正违法行为决定书》《行政处罚决定书》《当场行政处罚决定书》送达后当事人未申请行政复议且未提起行政诉讼的，在文书送达之日起6个月后起算的3个月内；

2.《复议决定书》送达后当事人未提起行政诉讼的，在《复议决定书》送达之日起15日后起算的3个月内；

3. 第一审行政判决后当事人未提出上诉的，在判决书送达之日起15日后起算的3个月内；

4. 第一审行政裁定后当事人未提出上诉的，在裁定书送达之日起10日后起算的3个月内；

5. 第二审行政判决书送达之日起3个月内。

（三）按人民法院要求办理授权委托手续。

（四）本文书一份送达人民法院，一份随卷归档。

【法律依据】

1.**《中华人民共和国行政强制法》**（2011年6月30日）

第五十三条 当事人在法定期限内不申请行政复议或者提起行政诉讼，又不履行行政决定的，没有行政强制执行权的行政机关可以自期限届满之日起三个月内，依照本章规定申请人民法院强制执行。

2.**《中华人民共和国行政处罚法》**（2021年1月22日）

第七十二条 当事人逾期不履行行政处罚决定的，作出行政处罚决定的行政机关可以采取下列措施：

（一）到期不缴纳罚款的，每日按罚款数额的百分之三加处罚款，加处罚款的数额不得超出罚款的数额；

（二）根据法律规定，将查封、扣押的财物拍卖、依法处理或者将冻结的存款、汇款划拨抵缴罚款；

（三）根据法律规定，采取其他行政强制执行方式；

（四）依照《中华人民共和国行政强制法》的规定申请人民法院强制执行。

行政机关批准延期、分期缴纳罚款的，申请人民法院强制执行的期限，自暂缓或者分期缴纳罚款期限结束之日起计算。

附录一：典型案例

一、优化执法方式第一批典型案例[①]

1

浙江杭州通过“环保码”非现场执法查获环境犯罪案件

2021 年 3 月 3 日，杭州市生态环境保护综合行政执法队通过智能分析锁定线索，非现场执法查获一起“重点排污单位干扰自动监测设备排放污染物”的环境犯罪案件。

2021 年伊始，杭州市生态环境保护综合行政执法队执法人员例行打开“环保码”平台查看排污企业告警“情报”。在检查中，执法人员发现杭州某造纸企业在线监测 pH、总氮数据在前日凌晨超标后迅速回落，同时排放流量加大。执法人员立即回溯视频监控录像，显示多名员工相互配合在排污口、在线监测站房进行插拔采样管、闲置监测探头等操作，致使在线数据失真，以此掩盖超标排放事实。3 月 3 日，两级生态环境、公安联合执法开展收网行动。为防止串供，到现场后公安机关立即控制相关人员，生态环境部门组织四组执法人员同时开展调查询问。在铁证面前，相关嫌疑人吴某某、叶某某对其干扰在线监测设备违法行为供认不讳，目前本案已移交公安机关，主要嫌疑人已被采取强制措施。

---

① 参见《生态环境部通报优化执法方式第一批典型做法和案例》，载生态环境部网站，https：//www. mee. gov. cn/ywdt/hjywnews/202104/t20210403_ 827357. shtml，最后访问时间：2021 年 11 月 14 日。

2

江苏南通治污设施用电量连续 23 小时为零被处罚案件

2021 年 1 月 17 日，江苏省南通市生态环境局破获一起以用电监控数据作为处罚依据的案件。根据某企业治污设施用电量连续 23 小时数值为“0”的线索，生态环境局最终认定该行为属于“未按照规定使用污染防治设施”的行为，并予以立案处罚。

2021 年 1 月 16 日，生态环境部门监控中心发现了一条异常数据，南通市通州区某企业治污设施用电量连续 23 小时数值为“0”，但在此期间，该企业的生产设备却运行正常。监控人员立即将相关线索转交属地。随后，南通市通州区生态环境局执法人员赶赴该企业，开展现场核查。执法人员通过将数据分析时段拉长、数据变化前后对比、配电柜布局分析、观看视频监控等方式认定，该企业在本案件中无主观故意情形，主要问题是没有严格执行巡检制度，未能及时发现设施断电情况。由于该企业主要污染物为挥发性有机物，所以该行为违反了《中华人民共和国大气污染防治法》第四十五条规定，属于未按照规定使用污染防治设施的行为。当地生态环境部门已依法对企业作出行政处罚。

3

广西桂林利用无人机查获危险废物环境违法犯罪案件

广西生态环境部门充分利用无人机具有不受空间与地形限制、机动性好、巡查范围广、发现问题及时等特点，帮助克服执法队伍人员少、执法任务重、地形地貌复杂、交通工具缺乏等困难，弥补传统侦查手段的不足，有效助力非现场执法。

2020 年 7 月 5 日，广西生态环境厅、桂林市生态环境局同时接到“桂林市某县一养猪场旁有人生产化工危险品、填埋毒渣”的举报。接报后，广西生态环境厅、桂林市公安机关、桂林市生态环境局立即组成联合调查组赶赴现场。调查组在距离养猪场300米的地方隐蔽起来，操控无人机升空，接近侦察地点。很快无人机传送回企业车间布局、人员、车辆进出等情况，显示企业产生的化工废渣只用袋子简单包装后就地填埋在厂内土坑，土坑未做任何防渗漏措施。生态环境部门掌握了第一手真实的数据与信息后，迅速开展现场固定填埋危废的证据采集、妥善封存固体废物等工作，并委托第三方分析检测，结果显示废渣属于危险废物。2020年7月17日，公安机关依法对该案立案侦查。

4

贵州六盘水通过平台异常报警信息查处企业私设暗管非法排污案件

2021年1月18日，执法人员在平台上查看贵州省污染源自动监控管理平台发出的自动监测数据异常报警信息时发现，六盘水市某煤矿自2021年1月1日以来废水流量长时间恒值为零，且期间内废水累计排放量不足0.1吨。调取排口视频显示，排口也无污水排放。对照企业生产情况，执法人员判断该煤矿排水可能存在异常。

2021年1月20日，执法人员在该厂外围检查时发现该煤矿处于生产状态，六个污水处理池中有两个污水处理池正在进水，其余四个水池处于空置状态，废水排口未排放。执法人员再度调阅监控视频及自动监测数据，计算煤矿矿井水平衡，初步判断该矿存在私设暗管、矿井废水从沉淀池引出、未经总排口直接外排环境的违法行为。经调查核实，当地生态环境部门依法对该企业的违法行为作出行政处罚。

5

福建泉州利用烟气自动监控数据查处陶瓷企业超标排污案件

2021 年 1 月 7 日，泉州市晋江生态环境局信息中心日常调阅污染源自动监控数据时，发现某家陶瓷企业干燥塔烟气自动监控数据持续超标，及时将该异常情况转报执法大队内坑中队。执法人员立即赶往现场核查，查处了 1 家陶瓷企业夜间时段违法排放大气污染物的案件。

执法人员现场核查发现，该陶瓷企业干燥塔喷淋脱硫设施外面循环水管有损坏阻塞，未能有效水喷淋脱硫，导致干燥塔产生的二氧化硫超标排放。自动监控数据显示：前一天晚上 18 点到次日凌晨 5 点时段内，该企业干燥塔二氧化硫折算浓度时均值持续超标 11 次，最高达 90. 999 mg/m^3，超过《陶瓷工业污染物排放标准》规定限值的 0. 82 倍。泉州市晋江生态环境局依法对该企业的超标排污行为作出行政处罚。

6

湖北宜昌破获非法篡改自动监控数据超标排污案件

湖北省生态环境部门充分利用省污染源自动监控综合管理平台和省级污染源智能监控系统，积极探索“互联网+监管”模式，同时开创司法鉴定辅助破获监控数据造假案件的新方式，实现行政执法与刑事司法的紧密衔接。

2019 年 10 月 16 日，湖北省生态环境厅会同宜昌市生态环境局对湖北某公司进行调查，发现该公司 1#废气排放口在线监控系统工控机在 8 月 15 日至 9 月 11 日被人为设置颗粒物排放浓度固定值为 10 mg/m^3，且控制在±5%范围内波动。经现场同步取样监测，该公司 2#废气排放口颗粒物实际基准排放浓度为 73 mg/m^3，超标 1. 43 倍。鉴于该公司已涉嫌以篡改数据逃避监管方式排放废气，当地生态环境部门连夜依法查封了该公司 3 套烟气污染源自动监控仪器及站房，扣押了 1#和 3#烟气污染源自动监控系统工控机，并责令其立即停止环境违法行为。2019 年 10 月 17 日，湖北省环境执法监督局将扣押的工控机送至湖北软件评测中心进行司法鉴定。《初步鉴定报告》认定，该公司模拟造假烟气自动监控数据，涉嫌破坏计算机信息系统刑事犯罪。同年 11 月 27 日，宜昌市生态环境局将该案移交当地公安机关。2020 年 12 月 30 日，经人民法院一审判决，2 名当事人犯破坏计算机信息系统罪，分别判处有期徒刑 7 个月和拘役 6 个月。

二、优化执法方式第二批典型案例①

1

四川省利用视频监控系统查处超标排污和篡改伪造自动监测数据违法行为

2021 年 3 月 30 日，四川省生态环境保护综合行政执法总队通过视频监控系统发现绵阳市某工业园区污水处理厂白天排水量较少，夜间则持续 2~4 小时排放大量黑色污水，但在线监测数据显示未超标，涉嫌作假。执法总队随即组织骨干力量会同监测人员对该厂开展突袭检查。执法人员进入厂区后，一组前往总排口迅速采样，一组前往站房查看在线监测设备，调阅历史数据。

经现场调查发现，该污水处理厂主要收纳园区制药厂、造纸厂等企业的工业废水，处理后排入梓江，日处理量约 2000 吨。3 月中旬以来，由于污泥活性不足，污水处理效果不理想，导致外排废水持续超标。为掩盖超标排污事实，该厂将出水 COD、氨氮、总磷、总氮四台自动监测设备采样管均插入站房外盛装“干净”水样的矿泉水瓶和水桶中，未实际监测外排废水。执法

① 《生态环境部通报优化执法方式第二批典型案例并对相关办案单位予以表扬》，载生态环境部网站，https：//www. mee. gov. cn/ywdt/xwfb/202105/t20210518_ 833390. shtml，最后访问时间：2021 年 11 月 14 日。

人员对外排废水快速检测显示，COD 浓度超出排放标准 14 倍，总磷超标 11.9 倍。

目前，四川省生态环境部门已对该厂涉嫌超标排放水污染物和篡改伪造自动监测数据逃避监管的违法行为进行查处，并将涉嫌违法线索移交公安机关。

2

河北保定通过分表计电系统精准打击未按照应急预案落实限产、停产措施的违法行为

保定市生态环境部门针对重污染天气应急响应涉及的企业分散性，且应急时间周期短、时限急、现场监管困难等特点，充分发挥分表计电远程监控功能，通过对污染源用电信息的智能分析，及时锁定线索、现场核查，精准打击企业环境违法行为。

2021 年 2 月 25 日至 3 月 1 日，该市启动重污染天气橙色预警，按照应急预案要求，某建材有限公司应停产。2 月 27 日，曲阳县生态环境分局分表计电平台管理员在对系统平台进行日常巡查时，发现该企业有生产用电信息，涉嫌未按照应急预案落实限产、停产措施。曲阳县分局随即派出执法人员对该企业进行现场核查，依法调查取证并立案。

通过调查该企业用电记录、生产记录、现场情况和询问企业负责人，该公司在重污染天气应急期间，未按照应急预案落实限产、停产措施的行为属实，违反《保定市大气污染防治条例》第二十二条第三款的规定。依据《保定市大气污染防治条例》第五十七条，以及保定市生态环境局行政处罚裁量标准对企业予以 1 万元罚款。

3

浙江宁波破获利用奇偶时段干扰在线监测数据案

2021 年 3 月，宁波市生态环境局执法人员通过分析污染源自动监控平台数据并结合排放口视频监控，发现重点排污单位宁波某食品有限公司废水排放口 COD 监控数据长期位于低位区间，且存在“奇数”时段废水排放流量较小、水质较清澈，“偶数”时间段废水排放流量较大、水质较浑浊的反常现象。

2021 年 3 月 24 日上午，在先期暗访的基础上，生态环境、公安部门及时启动行刑衔接机制，联合对该企业案件线索展开会商、研判，并对现场办案流程进行布控。当天下午，两部门联合开展收网行动，现场发现该企业沉淀池到排放口的总排放管上设置了两根暗管，分别由气浮池（高浓度废水）和车间用水管（河道净化水）连至总排管，用于在“偶数”时段排放高浓度废水和“奇数”时段进行稀释排放，同时在废水自动监控设施采样泵电源线上和污水处理设施气浮池旁各装有一个时控开关。经采样监测，废水排放口、气浮池出水口 COD 排放浓度均超标。经查实，由于污水处理设施能力不足，为了使废水排放口 COD 监控数据维持低浓度，企业于 2020 年 12 月底安装了时控开关，干扰监控采样。

由于该企业篡改伪造监测数据的行为已涉嫌犯罪，生态环境部门第一时间将案件移送公安部门追究刑事责任，目前 2 名相关责任人已被公安部门取保候审。

4

浙江温州利用“自动监控+无人机”查获私设暗管排污案

温州市永嘉县生态环境保护综合行政执法队充分发挥“环保管家”辅助

执法作用，采取“自动监控+无人机”非现场检查方式，通过自动监控捕捉违法线索，利用无人机精准定位，协助执法人员查获某印染公司私设暗管排污案。

2021 年 1 月初，永嘉县生态环境保护综合行政执法队聘用的“环保管家”工作人员在巡检过程中，通过视频监控发现某印染公司在每天 17 点到 19 点的时间段，都会有一名企业员工用黑雨伞遮住污水标准排放口，初步判定存在违法排污的重大嫌疑。1 月 14 日晚，县执法队联合县公安局、县环境监测站启用无人机对该公司进行突击检查，很快锁定违法证据。现场进一步核查发现，为躲避视频监控，该公司利用黑色雨伞遮住标准排放口并通过 3 条软管将厌氧池里的废水、药剂桶里的药水和自来水连接到标准排放口，通过私设暗管方式排放污染物。

目前，永嘉县公安局对该公司法定代表人和污水处理设施操作人员实施了行政拘留。温州市生态环境局对该公司依法作出罚款 35 万元的决定，并对涉案设施查封 15 日。

5

浙江湖州利用自巡查系统破获企业超标排放水污染物、运营单位干扰在线监控设施案

湖州市生态环境部门通过“企业自巡查系统”构建企业自查与部门监管双管齐下、全闭环留痕的环境监管新模式。

某印染企业是最早一批纳入“自巡查系统”的企业之一。湖州市生态环境局德清分局根据企业特点在系统设定自巡查要求，派发自巡查任务。由于该企业对下派的任务反馈效率低、完成质量差，德清分局根据综合分析将其列入重点监控对象名单。2020 年某月某日，该企业污水在线监控数据出现异常，污染物指标在夜间变为恒值，次日 7 点后又恢复正常波动。在线监控人员立即锁定线索并固定视频证据，德清分局启动联合办案机制，与公安部门组建联合调查组研究案情，在通过系统连续多日观察、掌握企业排污规律后进行突击检查，发现在线监测数据正常，但实际采集的水样 COD 浓度严重超

标。生态环境和公安部门迅速展开收网行动，企业负责人及运营单位负责人对夜间干扰在线监控设施、偷排超标废水的违法事实供认不讳。该企业被依法处以 55 万元罚款并责令停产整治，污水站运营单位现场负责人、技术员以破坏计算机信息系统罪被判刑。

6

福建三明强化行刑衔接机制，专案查办危险废物非法倾倒涉嫌污染环境犯罪

福建三明市生态环境部门与公安机关、检察机关密切协作，强化会商联动，对案情重大的生态环境违法案件成立专案组，合力保障案件顺利侦破。

2020 年 12 月，三明市沙县生态环境局陆续收到×古空港管委会、×园管委会及群众反映，有大量固体废物堆放在×古园区和×园区。沙县生态环境局立即组织执法人员进行现场调查，共发现 8 个疑为危险废物的固体废物堆放点。鉴于发现的固体废物数量大、倾倒点多、来源不明、属性不明，沙县生态环境局启动专案查办制度，第一时间向省、市生态环境部门上报案件线索及现场检查情况。随后，沙县生态环境局组织监测人员对倾倒的固体废物采样送检，最终检测结果显示该固体废物属于危险废物。沙县生态环境局立即将该案件线索通报沙县公安局，并抄送沙县人民检察院。沙县生态环境局、公安局和检察院召开三部门案件会商会，共同协商如何规范开展进一步调查取证，掌握充足的污染环境犯罪证据，保障案件顺利侦破。公安局与生态环境局成立专案组，开展破案攻坚，已控制、到案犯罪嫌疑人 13 名，目前案件正在进一步侦办中。

7

湖北襄阳联合公检机关破获跨省非法处置废矿物油案

襄阳市生态环境部门主动与公安部门、检察机关衔接配合，实现高效联动，严厉打击跨省危险废物犯罪行为。

2020年8月，重庆市生态环境部门向湖北省生态环境部门反馈，重庆某船舶保洁公司收集贮存的部分油污水和残油流落到湖北等地。获取线索后，襄阳市生态环境局枣阳分局联合公安、检察机关，第一时间成立专案组。经查，2019年9月至2020年8月，张某在未取得危险废物经营许可的情况下，以营利为目的，通过胡某、庞某（均另案处理），从重庆某船舶保洁公司累计购进废矿物油100余吨至枣阳市某场所进行加工处理，并将加工产生的废水排入院内3个面积为15平方米左右、无防渗漏措施的土坑。当地生态环境部门立即对用于废矿物油处置设施、设备的控制装置关键部件以及造成污染物排放所需供电阀门、配电箱等设备实施就地查封，并紧急将废矿物油加工而成的成品油和尚未处置的废矿物油共计100余吨，扣押至枣阳市某环保科技有限公司安全保存。监测结果显示，处置现场废水COD、石油类、氨氮排放浓度均超标，渗坑周边土壤中石油烃含量超标21.06倍。2020年9月22日，当地生态环境部门将该案移送至公安机关，并将案件情况通报检察机关。2021年2月5日，枣阳市人民检察院向枣阳市人民法院提起公诉。

8

湖北黄石发挥第三方监测作用，执法帮扶并重

黄石市生态环境局利用智慧环保监控平台24小时全天候监控、预警、分析能力及时发现违法线索，并充分发挥社会监测机构作用，加大执法力度。在依法依规查处环境违法行为的同时，积极帮助企业查找原因，指导企业

整改。

2021 年 2 月 10~13 日，黄石市生态环境局智慧环保监控平台显示某碳素公司废气二氧化硫和颗粒物在线监控数据连续出现日均值超标现象。执法人员迅速与第三方监测机构联系，共同赶到企业，通过现场勘查及监测分析，超标排放系该公司现有脱硫设施不能满足生产需要、且设施没有及时维护保养所致。执法人员现场约见了该公司主要负责人，强调企业必须迅速对脱硫设施进行升级改造，确保正常运行，同时告知企业有任何困难和需求，环保部门将随时提供服务指导。

该公司迅速制定方案并及时开展整改。整改期间，执法人员联合第三方监测人员多次到企业进行现场帮扶指导，对废气排放情况实施“线上”常态化监管、“线下”不定期抽查的方式，并先后 3 次对其外排废气开展监测。3 月 24 日零时许，执法支队对该企业开展零点行动，最终监测结果均显示达标。通过一系列整改措施，该企业脱硫系统实现了持续稳定运行，污染物排放在线数据、现场监测数据均达标。

针对该公司 2 月 10~13 日废气在线监控数据连续出现日均值超标行为，市生态环境局已立案查处，相关案件正在办理中。

三、优化执法方式第三批典型案例[①]

1

浙江舟山通过陆海统筹协同系统查获干扰自动监测设施案

舟山市生态环境局探索非现场执法检查模式，通过陆海统筹协同系统在线监测数据分析研判，锁定线索，突击夜查，破获“重点排污单位干扰自动监测设施排放污染物，致使监测数据严重失真”的环境犯罪案件。

---

① 参见《生态环境部通报优化执法方式第三批典型案例 对采用非现场监管方式实现精准执法提效能的办案单位提出表扬》，载生态环境部网站，https：//www. mee. gov. cn/ywdt/hjywnews/202107/t20210706_ 845531. shtml，最后访问时间：2021 年 11 月 14 日。

舟山市生态环境局通过对重点排污企业的在线监测数据持续网上巡检，发现某环保工程有限公司在线监测数据污染物浓度值严重偏低，废水排放量在傍晚至凌晨明显增大。经过多日数据关联分析、科学比对，初步判定企业涉嫌违法排污。2021 年 4 月 6 日，舟山市生态环境局会同市、区两级公安部门执法人员实施联合突击检查，对企业周边进行了布点蹲守。当晚指挥中心通过陆海统筹协同系统发现企业废水排放量明显增大，且浓度异常偏低并保持恒值，立即通报了现场蹲守执法人员。执法人员兵分两路，一路进入厂区直接赶往污水处理站迅速控制现场，当场抓获企业偷排废水行为，另一路会同环境监测人员及时对外排废水采样取证。执法人员对相关责任人进行了调查询问，初步查明企业为逃避生态环境部门监管排放未经处理的废水，将装有清水的矿泉水瓶放入自动监控设备采样管中，致使自动在线数据严重失真。目前公司法定代表人和分管副总共 2 人已被检察机关批捕。

2

浙江丽水通过信息化手段查获机动车检测机构出具虚假检验报告案

丽水市生态环境局借助机动车排气污染管理信息系统的大数据分析筛选功能，加强对机动车排放检验机构的监督管理。

2021 年 2 月 22 日，丽水市生态环境局大气处相关专业技术人员通过机动车排气污染管理信息平台的照片上传情况和自动分析筛选功能，发现某汽车检测有限公司部分车辆未上传检测方法证明照片、合格的检验报告单照片，同时通过平台的检测过程数据分析功能，发现该批车辆的发动机转速全部为 0，不符合检测逻辑。大气处第一时间将相关情况通报给执法队，执法人员立即赴现场进行核实。经查，该检测机构于 2021 年 1 月 6 日使用 4 号检测线，对某牌小型轿车和某牌小型越野客车进行尾气检测时，检测人员全程未进入驾驶室进行双怠速检测相关操作，但该机构仍出具了丽水市机动车排气污染物检验报告（汽油车），报告中低怠速与高怠速工况下均有 CO 与 HC 实测值，且形成了排气污染物检验结果合格报告，属于弄虚作假。丽水市生态环境局对上述违法行为进行了立案，并根据《大气污染防治法》第五十四条的规定，对检测公司予以行政处罚。

3

福建南平使用无人机查获三家非法排污企业

南平市生态环境局强化信息化手段运用，将无人机列入环境执法装备，每半月对工业园区入河排污口周边区域进行无人机巡飞，不断提升生态环境执法监管智慧化、精准化水平。

2021 年 4 月 19 日，南平市邵武生态环境局执法人员在吴家塘镇×溪用无人机开展日常巡查时，发现×溪左岸东北方向×村附近有数座简易厂房，厂房边水沟有疑似生产废水排入×溪的痕迹。根据问题线索，邵武生态环境保护综合执法大队执法人员立即对该区域进行现场排查核实，发现某塑化包装厂、某塑料制品厂 2 家企业均未办理环评审批手续，未建设任何污染治理设施，正在进行废旧塑料破碎造粒作业，生产过程中产生的 VOCs 未经治理无组织排放，废旧塑料清洗废水未经治理直接排入×溪；陈某亮机制砂厂未办理环评审批手续，未建设任何污染治理设施，正在进行机制砂破碎清洗作业，洗沙过程中产生的废水直排×溪。南平市邵武生态环境局对上述 2 家塑料造粒厂及陈某亮个人依法立案查处，并对 3 家非法排污生产点依法实施了查封。目前案件正在办理中，3 家生产点已对生产设备进行拆除，恢复原状。

4

辽宁营口通过“高空视频”查处“散乱污”企业

营口市生态环境局大力推行非现场监管的手段及应用，在全省率先搭建高空视频监控系统，极大缓解污染源多、执法人员少和环境违法行为难发现、难取证等问题，做到环境违法问题精准发现、及时处理。

2021 年 5 月 11 日 15 时，营口市大石桥生态环境分局通过高空视频监控摄像头抓拍到某村一处场地内疑似有违法生产企业。根据线索，执法人员于 5 月 12 日对上述场地进行了现场检查。检查发现，场地内有一正在生产的水刷石加工厂，无营业执照，未报环评审批手续，未取得排污许可证，经认定，其为“散乱污”企业。大石桥生态环境分局对该加工厂的违法行为予以立案查处，责令其立即停止环境违法行为。5 月 25 日，执法人员再次到该加工厂进行复查时发现，该加工厂生产设备已拆除，现场已进行清理完毕。

根据《营口市生态环境局免予行政处罚和从轻处罚违法行为清单（2021 版）》第一条第十三项“散乱污”企业已自行清理或停产整改的，可以依法免于行政处罚的规定，大石桥生态环境分局已提请营口市生态环境局对上述水刷石加工厂免于行政处罚。

5

江苏苏州运用“用电监控预警”查处治污设施不正常运行案

苏州市生态环境局将非现场执法作为日常执法检查的重要方式之一，通过网上巡查和大数据分析，实现对重点污染源 24 小时全天候在线监管，有效减少对企业的现场检查频次。

2021 年 1 月 29 日，苏州市用电工况监控系统发出预警，显示某公司废气治理设施用电量数天内连续低值，疑似未与生产设施同步运行。根据预警线索，昆山市生态环境局执法人员第一时间对该公司进行了现场检查。通过调取该企业 1 月 27~28 日用电数据，查实 1 月 27 日夜间至 1 月 28 日凌晨，该企业熔铁电炉用电数据在 1500 kW 以上，但配套的布袋除尘风机没有用电数据。昆山市生态环境局对该公司未采取集中收集处理等措施控制、减少粉尘和气态污染物排放的环境违法行为予以立案处罚。

四、优化执法方式第四批典型案例①

1

福建晋江运用“河道哨兵”精准发现线索查处违法排放水污染物案

泉州市晋江生态环境局综合运用各类智能手段，不断创新智能管控模式，持续拓宽各类智控措施覆盖面，通过河道视频监控开展非现场巡查，充分发挥“河道哨兵”作用，第一时间发现问题线索；生态云指挥中心和执法队伍实时联动，及时查处违法排放水污染物案。

2021 年 6 月 26 日上午，泉州市晋江生态环境保护综合执法大队英林中队接到泉州市晋江生态环境局信息中心工作人员预警信息：视频监控发现某村分流井河道有浅蓝色污水流入×溪。执法人员立即会同英林镇河长办前往×溪进行排查，发现某公司污水收集池至混凝沉淀池中间设置有一根三通管道，现场有污水排放迹象，该公司厂区雨水沟内的废水与车间生产废水及河道视频监控外排废水颜色一致。执法人员对该公司的生产车间、污染防治设施、环保手续、排污去向等情况进行了检查，并对执法过程进行拍照、摄像保存证据。面对证据，该公司负责人承认通过三通管道将部分生产废水直接外排至河道。

泉州市晋江生态环境局根据《中华人民共和国水污染防治法》第八十三条的规定对该公司处以 10 万元罚款；同时根据《中华人民共和国环境保护法》第六十三条第三款及《行政主管部门移送适用行政拘留环境违法案件暂行办法》第七条的规定，将当事人移送公安机关行政拘留。

---

① 参见《生态环境部通报优化执法方式第四批典型案例并对相关办案单位予以表扬》，载生态环境部网站，https：//www. mee. gov. cn/ywdt/xwfb/202110/t20211010_ 955954. shtml，最后访问时间：2021 年 11 月 14 日。

2

黑龙江佳木斯严厉打击以逃避监管的方式排放水污染物案

佳木斯市严厉打击企业利用渗坑排放水污染物的违法行为，对逃避监管的方式排放污染物行为处以罚款，并移送公安机关。

2021 年 4 月 9 日，佳木斯市生态环境保护综合行政执法局接到举报，执法人员立即对某塑料清洗粉碎厂进行现场检查，发现该厂主要利用废旧塑料再生制造塑料颗粒，生产过程中产生的废水直接排入厂房南侧无防渗设施的沟渠内。佳木斯生态环境监测中心监测人员对渗坑内的污水及车间污水池的污水进行现场采样。监测结果显示：排入渗坑的污水化学需氧量超标 17 倍、悬浮物超标 18 倍、氨氮超标 1.5 倍、总磷超标 29 倍、挥发酚超标 5 倍；车间污水池污水的化学需氧量超标 19 倍、悬浮物超标 7 倍、氨氮超标 1.8 倍、总磷超标 31 倍、挥发酚超标 6 倍。

根据《中华人民共和国环境保护法》《中华人民共和国水污染防治法》及《黑龙江省生态环境行政处罚自由裁量基准》等，佳木斯市生态环境局对现场设施设备进行了查封，对该企业处以 72.49 万元罚款，责令其立即改正违法行为，并将案件移送公安机关。

3

江苏常州严厉打击非法处置危险废物案

常州市武进区生态环境部门强化“两法衔接”，联合检察机关、公安机关组成专案组联动办案，严厉打击非法处置危险废物的违法犯罪行为。

2021 年 3 月 9 日，常州市武进生态环境局执法人员根据线索，对某露天金属废料堆场进行现场检查。经现场勘查，该堆场占地面积约 $300m^2$，位于西北侧围墙边的一堆物料有淡绿色液体渗出，汇集于场地低洼处并通过堆场西侧围墙底部的孔洞进入墙外的一条水泥沟渠内，最终汇集至一个收集井内。收集井内壁为裸砖结构，未作防腐防渗处理，污水最终渗入地下土壤中。现场执法人员初步判断该堆物料为国家危废名录中的含油污泥（HW08），经称重，上述油泥总共104.549吨。该堆场负责人徐某未办理危险废物经营许可证，涉嫌非法处置危险废物。常州市武进生态环境局立即通知有资质的单位对相关点位进行采样，并开展应急处置工作。同时武进区生态环境局按照执法联动机制要求，通知公安部门到场协同执法，采取措施固定证据，控制相关人员并开展调查工作。

由于该案涉及油泥的产生、运输、贮存、处置等多个环节，涉及人员、企业数量众多，地域涵盖常州、无锡等地，案情复杂，武进区生态环境部门联合检察机关、公安机关成立专案组，联动办案，目前该案仍在进一步办理中。

4

湖北潜江未按规定设置危险废物识别标志不予处罚案件

为优化营商环境，鼓励企业自主守法，2021年4月17日，湖北省生态环境厅印发了《湖北省生态环境轻微违法不予处罚事项清单（2021年版）》，共明确了15项生态环境轻微违法不予处罚事项。各市州在实施生态环境轻微违法不予处罚的过程中严格依据法律法规，结合具体案情充分理解和把握适用条件，同时注重加强对行政相对人的指导，通过主动告知、给与明确的整改要求、相对人提交《整改承诺书》等形式，鼓励当事人积极主动整改，发挥了良好的法律效果和社会效果。

2021年4月26日，潜江市生态环境保护综合执法支队对某公司进行现场检查，检查时该公司正在生产，生产过程中产生的废油漆桶、废矿物油贮存在该公司2号车间西面一仓库内，该仓库作为危险废物贮存场所未按规定设置危险废物识别标志。

该公司上述行为违反了《中华人民共和国固体废物污染环境防治法》第七十七条的规定。根据《中华人民共和国固体废物污染环境防治法》第一百一十二条第一款第一项的相关规定，应责令该企业改正违法行为，并对其处以十万元以上一百万元以下的罚款。4 月 28 日，潜江市生态环境局对该公司下达了《责令改正违法行为决定书》。该公司在收到《责令改正违法行为决定书》后的 1 个工作日内完成了整改。4 月 30 日，经潜江市生态环境局行政处罚案件集体讨论审议，鉴于该公司违法行为轻微，及时纠正且未产生危害后果，适用《湖北省生态环境轻微违法不予处罚事项清单（2021 年版）》第十一项的规定，决定对该公司不予行政处罚。4 月 30 日，潜江市生态环境局向该公司送达了《不予行政处罚决定书》。

5

浙江温州对群众举报某加工点规避监管排放有毒有害物质案件实施奖励

2021 年 4 月 8 日，群众通过举报投诉受理平台反映平阳县某铝制品加工点污水直排。平阳县生态环境保护综合行政执法队立即组织执法人员赶赴现场进行排查。经现场调查，执法人员发现路某某经营的铝制品加工点主要从事铝合金制品的清洗加工，加工过程中产生的废水直接通过加工点边上的渗坑进行渗漏排放。经采样检测，废水中总铜超标 4.28 倍、总铬超标 2.3 倍、总锌超标 1.035 倍。平阳分局立即启动生态环境部门与公安机关的联动机制，由公安机关对当事人路某某采取强制措施，并开展进一步调查，目前该案件已经移送检察机关审查起诉。

2021 年 6 月 2 日，温州市生态环境局平阳分局根据《浙江省生态环境违法行为举报奖励办法》和《温州市生态环境违法行为举报奖励实施细则》的相关规定，给予举报人 1 万元的奖励。

6

新疆克拉玛依对群众举报非法收集废机油案件实施奖励

2021 年 5 月 7 日，群众通过电话举报反映克拉玛依市克拉玛依区某社区内有人非法收集废机油。根据举报线索，克拉玛依区生态环境保护综合行政执法大队联合克拉玛依区公安分局快速响应，第一时间开展联合检查。检查发现，该废机油收集点经营者朱某未办理危险废物经营许可证，使用提升泵、输油管、油罐等设备收集废机油。经检测，该废机油收集点油罐内废液含油率检测结果为 77.4%，经鉴定属 HW08 类废矿物油与含矿物油废物，油罐内非法收集废机油量为 0.76 吨，克拉玛依市生态环境局于 5 月 20 日依法对相关设备予以扣押。

朱某的上述行为违反了《中华人民共和国固体废物污染环境防治法》第八十条第二款的规定，根据《中华人民共和国固体废物污染环境防治法》第一百一十四条第一款的规定，克拉玛依市生态环境局对朱某处以 10.13 万元罚款。根据《中华人民共和国固体废物污染环境防治法》第一百二十条第四项的规定，克拉玛依区公安分局依法对朱某行政拘留 5 日。

2021 年 9 月 9 日，克拉玛依市生态环境局根据《克拉玛依市生态环境违法行为举报奖励实施细则》的相关规定，给予举报人 1 万元的奖励。

附录二：相关规范

中华人民共和国行政处罚法

（1996年3月17日第八届全国人民代表大会第四次会议通过　根据2009年8月27日第十一届全国人民代表大会常务委员会第十次会议《关于修改部分法律的决定》第一次修正　根据2017年9月1日第十二届全国人民代表大会常务委员会第二十九次会议《关于修改〈中华人民共和国法官法〉等八部法律的决定》第二次修正　2021年1月22日第十三届全国人民代表大会常务委员会第二十五次会议修订）

目　　录

第一章　总　　则
第二章　行政处罚的种类和设定
第三章　行政处罚的实施机关
第四章　行政处罚的管辖和适用
第五章　行政处罚的决定
　第一节　一般规定
　第二节　简易程序
　第三节　普通程序
　第四节　听证程序
第六章　行政处罚的执行
第七章　法律责任
第八章　附　　则

第一章　总　　则

第一条　为了规范行政处罚的设定和实施，保障和监督行政机关有效实施行政管理，维护公共利益和社会秩序，保护公民、法人或者其他组织的合法权益，根据宪法，制定本法。

第二条　行政处罚是指行政机关依法对违反行政管理秩序的公民、法人或者其他组织，以减损权益或者增加义务的方式予以惩戒的行为。

第三条 行政处罚的设定和实施，适用本法。

第四条 公民、法人或者其他组织违反行政管理秩序的行为，应当给予行政处罚的，依照本法由法律、法规、规章规定，并由行政机关依照本法规定的程序实施。

第五条 行政处罚遵循公正、公开的原则。

设定和实施行政处罚必须以事实为依据，与违法行为的事实、性质、情节以及社会危害程度相当。

对违法行为给予行政处罚的规定必须公布；未经公布的，不得作为行政处罚的依据。

第六条 实施行政处罚，纠正违法行为，应当坚持处罚与教育相结合，教育公民、法人或者其他组织自觉守法。

第七条 公民、法人或者其他组织对行政机关所给予的行政处罚，享有陈述权、申辩权；对行政处罚不服的，有权依法申请行政复议或者提起行政诉讼。

公民、法人或者其他组织因行政机关违法给予行政处罚受到损害的，有权依法提出赔偿要求。

第八条 公民、法人或者其他组织因违法行为受到行政处罚，其违法行为对他人造成损害的，应当依法承担民事责任。

违法行为构成犯罪，应当依法追究刑事责任的，不得以行政处罚代替刑事处罚。

第二章 行政处罚的种类和设定

第九条 行政处罚的种类：

（一）警告、通报批评；

（二）罚款、没收违法所得、没收非法财物；

（三）暂扣许可证件、降低资质等级、吊销许可证件；

（四）限制开展生产经营活动、责令停产停业、责令关闭、限制从业；

（五）行政拘留；

（六）法律、行政法规规定的其他行政处罚。

第十条 法律可以设定各种行政处罚。

限制人身自由的行政处罚，只能由法律设定。

第十一条 行政法规可以设定除限制人身自由以外的行政处罚。

法律对违法行为已经作出行政处罚规定，行政法规需要作出具体规定的，必须在法律规定的给予行政处罚的行为、种类和幅度的范围内规定。

法律对违法行为未作出行政处罚规定，行政法规为实施法律，可以补充设定行政处罚。拟补充设定行政处罚的，应当通过听证会、论证会等形式广泛听取意见，并向制定机关作出书面说明。行政法规报送备案时，应当说明补充设定行政处罚的情况。

第十二条 地方性法规可以设定除限制人身自由、吊销营业执照以外的行政处罚。

法律、行政法规对违法行为已经作出行政处罚规定，地方性法规需要作出具体规定的，必须在法律、行政法规规定的给予行政处罚的行为、种类和幅度的范围内规定。

法律、行政法规对违法行为未作出行政处罚规定，地方性法规为实施法律、行政法规，可以补充设定行政处罚。拟补充设定行政处罚的，应当通过听证会、论证会等形式广泛听取意见，并向制定机关作出书面说明。地方性法规报送备案时，应当说明补充设定行政处罚的情况。

第十三条 国务院部门规章可以在法律、行政法规规定的给予行政处罚的行为、种类和幅度的范围内作出具体规定。

尚未制定法律、行政法规的，国务院部门规章对违反行政管理秩序的行为，可以设定警告、通报批评或者一定数额罚款的行政处罚。罚款的限额由国务院规定。

第十四条 地方政府规章可以在法律、法规规定的给予行政处罚的行为、种类和幅度的范围内作出具体规定。

尚未制定法律、法规的，地方政府规章对违反行政管理秩序的行为，可以设定警告、通报批评或者一定数额罚款的行政处罚。罚款的限额由省、自治区、直辖市人民代表大会常务委员会规定。

第十五条 国务院部门和省、自治区、直辖市人民政府及其有关部门应当定期组织评估行政处罚的实施情况和必要性，对不适当的行政处罚事项及种类、罚款数额等，应当提出修改或者废止的建议。

第十六条 除法律、法规、规章外，其他规范性文件不得设定行政处罚。

第三章　行政处罚的实施机关

第十七条　行政处罚由具有行政处罚权的行政机关在法定职权范围内实施。

第十八条　国家在城市管理、市场监管、生态环境、文化市场、交通运输、应急管理、农业等领域推行建立综合行政执法制度，相对集中行政处罚权。

国务院或者省、自治区、直辖市人民政府可以决定一个行政机关行使有关行政机关的行政处罚权。

限制人身自由的行政处罚权只能由公安机关和法律规定的其他机关行使。

第十九条　法律、法规授权的具有管理公共事务职能的组织可以在法定授权范围内实施行政处罚。

第二十条　行政机关依照法律、法规、规章的规定，可以在其法定权限内书面委托符合本法第二十一条规定条件的组织实施行政处罚。行政机关不得委托其他组织或者个人实施行政处罚。

委托书应当载明委托的具体事项、权限、期限等内容。委托行政机关和受委托组织应当将委托书向社会公布。

委托行政机关对受委托组织实施行政处罚的行为应当负责监督，并对该行为的后果承担法律责任。

受委托组织在委托范围内，以委托行政机关名义实施行政处罚；不得再委托其他组织或者个人实施行政处罚。

第二十一条　受委托组织必须符合以下条件：

（一）依法成立并具有管理公共事务职能；

（二）有熟悉有关法律、法规、规章和业务并取得行政执法资格的工作人员；

（三）需要进行技术检查或者技术鉴定的，应当有条件组织进行相应的技术检查或者技术鉴定。

第四章　行政处罚的管辖和适用

第二十二条　行政处罚由违法行为发生地的行政机关管辖。法律、行政法规、部门规章另有规定的，从其规定。

第二十三条　行政处罚由县级以上地方人民政府具有行政处罚权的行政

机关管辖。法律、行政法规另有规定的，从其规定。

第二十四条 省、自治区、直辖市根据当地实际情况，可以决定将基层管理迫切需要的县级人民政府部门的行政处罚权交由能够有效承接的乡镇人民政府、街道办事处行使，并定期组织评估。决定应当公布。

承接行政处罚权的乡镇人民政府、街道办事处应当加强执法能力建设，按照规定范围、依照法定程序实施行政处罚。

有关地方人民政府及其部门应当加强组织协调、业务指导、执法监督，建立健全行政处罚协调配合机制，完善评议、考核制度。

第二十五条 两个以上行政机关都有管辖权的，由最先立案的行政机关管辖。

对管辖发生争议的，应当协商解决，协商不成的，报请共同的上一级行政机关指定管辖；也可以直接由共同的上一级行政机关指定管辖。

第二十六条 行政机关因实施行政处罚的需要，可以向有关机关提出协助请求。协助事项属于被请求机关职权范围内的，应当依法予以协助。

第二十七条 违法行为涉嫌犯罪的，行政机关应当及时将案件移送司法机关，依法追究刑事责任。对依法不需要追究刑事责任或者免予刑事处罚，但应当给予行政处罚的，司法机关应当及时将案件移送有关行政机关。

行政处罚实施机关与司法机关之间应当加强协调配合，建立健全案件移送制度，加强证据材料移交、接收衔接，完善案件处理信息通报机制。

第二十八条 行政机关实施行政处罚时，应当责令当事人改正或者限期改正违法行为。

当事人有违法所得，除依法应当退赔的外，应当予以没收。违法所得是指实施违法行为所取得的款项。法律、行政法规、部门规章对违法所得的计算另有规定的，从其规定。

第二十九条 对当事人的同一个违法行为，不得给予两次以上罚款的行政处罚。同一个违法行为违反多个法律规范应当给予罚款处罚的，按照罚款数额高的规定处罚。

第三十条 不满十四周岁的未成年人有违法行为的，不予行政处罚，责令监护人加以管教；已满十四周岁不满十八周岁的未成年人有违法行为的，应当从轻或者减轻行政处罚。

第三十一条 精神病人、智力残疾人在不能辨认或者不能控制自己行为时有违法行为的，不予行政处罚，但应当责令其监护人严加看管和治疗。间歇性精神病人在精神正常时有违法行为的，应当给予行政处罚。尚未完全丧失辨认或者控制自己行为能力的精神病人、智力残疾人有违法行为的，可以从轻或者减轻行政处罚。

第三十二条 当事人有下列情形之一，应当从轻或者减轻行政处罚：

（一）主动消除或者减轻违法行为危害后果的；

（二）受他人胁迫或者诱骗实施违法行为的；

（三）主动供述行政机关尚未掌握的违法行为的；

（四）配合行政机关查处违法行为有立功表现的；

（五）法律、法规、规章规定其他应当从轻或者减轻行政处罚的。

第三十三条 违法行为轻微并及时改正，没有造成危害后果的，不予行政处罚。初次违法且危害后果轻微并及时改正的，可以不予行政处罚。

当事人有证据足以证明没有主观过错的，不予行政处罚。法律、行政法规另有规定的，从其规定。

对当事人的违法行为依法不予行政处罚的，行政机关应当对当事人进行教育。

第三十四条 行政机关可以依法制定行政处罚裁量基准，规范行使行政处罚裁量权。行政处罚裁量基准应当向社会公布。

第三十五条 违法行为构成犯罪，人民法院判处拘役或者有期徒刑时，行政机关已经给予当事人行政拘留的，应当依法折抵相应刑期。

违法行为构成犯罪，人民法院判处罚金时，行政机关已经给予当事人罚款的，应当折抵相应罚金；行政机关尚未给予当事人罚款的，不再给予罚款。

第三十六条 违法行为在二年内未被发现的，不再给予行政处罚；涉及公民生命健康安全、金融安全且有危害后果的，上述期限延长至五年。法律另有规定的除外。

前款规定的期限，从违法行为发生之日起计算；违法行为有连续或者继续状态的，从行为终了之日起计算。

第三十七条 实施行政处罚，适用违法行为发生时的法律、法规、规章的规定。但是，作出行政处罚决定时，法律、法规、规章已被修改或者废止，且新的规定处罚较轻或者不认为是违法的，适用新的规定。

第三十八条 行政处罚没有依据或者实施主体不具有行政主体资格的，行政处罚无效。

违反法定程序构成重大且明显违法的，行政处罚无效。

第五章　行政处罚的决定

第一节　一般规定

第三十九条　行政处罚的实施机关、立案依据、实施程序和救济渠道等信息应当公示。

第四十条　公民、法人或者其他组织违反行政管理秩序的行为，依法应当给予行政处罚的，行政机关必须查明事实；违法事实不清、证据不足的，不得给予行政处罚。

第四十一条　行政机关依照法律、行政法规规定利用电子技术监控设备收集、固定违法事实的，应当经过法制和技术审核，确保电子技术监控设备符合标准、设置合理、标志明显，设置地点应当向社会公布。

电子技术监控设备记录违法事实应当真实、清晰、完整、准确。行政机关应当审核记录内容是否符合要求；未经审核或者经审核不符合要求的，不得作为行政处罚的证据。

行政机关应当及时告知当事人违法事实，并采取信息化手段或者其他措施，为当事人查询、陈述和申辩提供便利。不得限制或者变相限制当事人享有的陈述权、申辩权。

第四十二条　行政处罚应当由具有行政执法资格的执法人员实施。执法人员不得少于两人，法律另有规定的除外。

执法人员应当文明执法，尊重和保护当事人合法权益。

第四十三条　执法人员与案件有直接利害关系或者有其他关系可能影响公正执法的，应当回避。

当事人认为执法人员与案件有直接利害关系或者有其他关系可能影响公正执法的，有权申请回避。

当事人提出回避申请的，行政机关应当依法审查，由行政机关负责人决定。决定作出之前，不停止调查。

第四十四条　行政机关在作出行政处罚决定之前，应当告知当事人拟作出的行政处罚内容及事实、理由、依据，并告知当事人依法享有的陈述、申辩、要求听证等权利。

第四十五条　当事人有权进行陈述和申辩。行政机关必须充分听取当事人的意见，对当事人提出的事实、理由和证据，应当进行复核；当事人提出的事实、理由或者证据成立的，行政机关应当采纳。

行政机关不得因当事人陈述、申辩而给予更重的处罚。

第四十六条 证据包括：

（一）书证；

（二）物证；

（三）视听资料；

（四）电子数据；

（五）证人证言；

（六）当事人的陈述；

（七）鉴定意见；

（八）勘验笔录、现场笔录。

证据必须经查证属实，方可作为认定案件事实的根据。

以非法手段取得的证据，不得作为认定案件事实的根据。

第四十七条 行政机关应当依法以文字、音像等形式，对行政处罚的启动、调查取证、审核、决定、送达、执行等进行全过程记录，归档保存。

第四十八条 具有一定社会影响的行政处罚决定应当依法公开。

公开的行政处罚决定被依法变更、撤销、确认违法或者确认无效的，行政机关应当在三日内撤回行政处罚决定信息并公开说明理由。

第四十九条 发生重大传染病疫情等突发事件，为了控制、减轻和消除突发事件引起的社会危害，行政机关对违反突发事件应对措施的行为，依法快速、从重处罚。

第五十条 行政机关及其工作人员对实施行政处罚过程中知悉的国家秘密、商业秘密或者个人隐私，应当依法予以保密。

第二节 简易程序

第五十一条 违法事实确凿并有法定依据，对公民处以二百元以下、对法人或者其他组织处以三千元以下罚款或者警告的行政处罚的，可以当场作出行政处罚决定。法律另有规定的，从其规定。

第五十二条 执法人员当场作出行政处罚决定的，应当向当事人出示执法证件，填写预定格式、编有号码的行政处罚决定书，并当场交付当事人。当事人拒绝签收的，应当在行政处罚决定书上注明。

前款规定的行政处罚决定书应当载明当事人的违法行为，行政处罚的种类和依据、罚款数额、时间、地点，申请行政复议、提起行政诉讼的途径和期限以及行政机关名称，并由执法人员签名或者盖章。

执法人员当场作出的行政处罚决定，应当报所属行政机关备案。

第五十三条 对当场作出的行政处罚决定，当事人应当依照本法第六十七条至第六十九条的规定履行。

第三节 普通程序

第五十四条 除本法第五十一条规定的可以当场作出的行政处罚外，行政机关发现公民、法人或者其他组织有依法应当给予行政处罚的行为的，必须全面、客观、公正地调查，收集有关证据；必要时，依照法律、法规的规定，可以进行检查。

符合立案标准的，行政机关应当及时立案。

第五十五条 执法人员在调查或者进行检查时，应当主动向当事人或者有关人员出示执法证件。当事人或者有关人员有权要求执法人员出示执法证件。执法人员不出示执法证件的，当事人或者有关人员有权拒绝接受调查或者检查。

当事人或者有关人员应当如实回答询问，并协助调查或者检查，不得拒绝或者阻挠。询问或者检查应当制作笔录。

第五十六条 行政机关在收集证据时，可以采取抽样取证的方法；在证据可能灭失或者以后难以取得的情况下，经行政机关负责人批准，可以先行登记保存，并应当在七日内及时作出处理决定，在此期间，当事人或者有关人员不得销毁或者转移证据。

第五十七条 调查终结，行政机关负责人应当对调查结果进行审查，根据不同情况，分别作出如下决定：

（一）确有应受行政处罚的违法行为的，根据情节轻重及具体情况，作出行政处罚决定；

（二）违法行为轻微，依法可以不予行政处罚的，不予行政处罚；

（三）违法事实不能成立的，不予行政处罚；

（四）违法行为涉嫌犯罪的，移送司法机关。

对情节复杂或者重大违法行为给予行政处罚，行政机关负责人应当集体讨论决定。

第五十八条 有下列情形之一，在行政机关负责人作出行政处罚的决定之前，应当由从事行政处罚决定法制审核的人员进行法制审核；未经法制审核或者审核未通过的，不得作出决定：

（一）涉及重大公共利益的；

（二）直接关系当事人或者第三人重大权益，经过听证程序的；

（三）案件情况疑难复杂、涉及多个法律关系的；

（四）法律、法规规定应当进行法制审核的其他情形。

行政机关中初次从事行政处罚决定法制审核的人员，应当通过国家统一法律职业资格考试取得法律职业资格。

第五十九条 行政机关依照本法第五十七条的规定给予行政处罚，应当制作行政处罚决定书。行政处罚决定书应当载明下列事项：

（一）当事人的姓名或者名称、地址；

（二）违反法律、法规、规章的事实和证据；

（三）行政处罚的种类和依据；

（四）行政处罚的履行方式和期限；

（五）申请行政复议、提起行政诉讼的途径和期限；

（六）作出行政处罚决定的行政机关名称和作出决定的日期。

行政处罚决定书必须盖有作出行政处罚决定的行政机关的印章。

第六十条 行政机关应当自行政处罚案件立案之日起九十日内作出行政处罚决定。法律、法规、规章另有规定的，从其规定。

第六十一条 行政处罚决定书应当在宣告后当场交付当事人；当事人不在场的，行政机关应当在七日内依照《中华人民共和国民事诉讼法》的有关规定，将行政处罚决定书送达当事人。

当事人同意并签订确认书的，行政机关可以采用传真、电子邮件等方式，将行政处罚决定书等送达当事人。

第六十二条 行政机关及其执法人员在作出行政处罚决定之前，未依照本法第四十四条、第四十五条的规定向当事人告知拟作出的行政处罚内容及事实、理由、依据，或者拒绝听取当事人的陈述、申辩，不得作出行政处罚决定；当事人明确放弃陈述或者申辩权利的除外。

第四节 听证程序

第六十三条 行政机关拟作出下列行政处罚决定，应当告知当事人有要求听证的权利，当事人要求听证的，行政机关应当组织听证：

（一）较大数额罚款；

（二）没收较大数额违法所得、没收较大价值非法财物；

（三）降低资质等级、吊销许可证件；

（四）责令停产停业、责令关闭、限制从业；

（五）其他较重的行政处罚；

（六）法律、法规、规章规定的其他情形。

当事人不承担行政机关组织听证的费用。

第六十四条 听证应当依照以下程序组织：

（一）当事人要求听证的，应当在行政机关告知后五日内提出；

（二）行政机关应当在举行听证的七日前，通知当事人及有关人员听证的时间、地点；

（三）除涉及国家秘密、商业秘密或者个人隐私依法予以保密外，听证公开举行；

（四）听证由行政机关指定的非本案调查人员主持；当事人认为主持人与本案有直接利害关系的，有权申请回避；

（五）当事人可以亲自参加听证，也可以委托一至二人代理；

（六）当事人及其代理人无正当理由拒不出席听证或者未经许可中途退出听证的，视为放弃听证权利，行政机关终止听证；

（七）举行听证时，调查人员提出当事人违法的事实、证据和行政处罚建议，当事人进行申辩和质证；

（八）听证应当制作笔录。笔录应当交当事人或者其代理人核对无误后签字或者盖章。当事人或者其代理人拒绝签字或者盖章的，由听证主持人在笔录中注明。

第六十五条 听证结束后，行政机关应当根据听证笔录，依照本法第五十七条的规定，作出决定。

第六章 行政处罚的执行

第六十六条 行政处罚决定依法作出后，当事人应当在行政处罚决定书载明的期限内，予以履行。

当事人确有经济困难，需要延期或者分期缴纳罚款的，经当事人申请和行政机关批准，可以暂缓或者分期缴纳。

第六十七条 作出罚款决定的行政机关应当与收缴罚款的机构分离。

除依照本法第六十八条、第六十九条的规定当场收缴的罚款外，作出行政处罚决定的行政机关及其执法人员不得自行收缴罚款。

当事人应当自收到行政处罚决定书之日起十五日内，到指定的银行或者通过电子支付系统缴纳罚款。银行应当收受罚款，并将罚款直接上缴国库。

第六十八条 依照本法第五十一条的规定当场作出行政处罚决定，有下列情形之一，执法人员可以当场收缴罚款：

（一）依法给予一百元以下罚款的；

（二）不当场收缴事后难以执行的。

第六十九条 在边远、水上、交通不便地区，行政机关及其执法人员依照本法第五十一条、第五十七条的规定作出罚款决定后，当事人到指定的银行或者通过电子支付系统缴纳罚款确有困难，经当事人提出，行政机关及其执法人员可以当场收缴罚款。

第七十条 行政机关及其执法人员当场收缴罚款的，必须向当事人出具国务院财政部门或者省、自治区、直辖市人民政府财政部门统一制发的专用票据；不出具财政部门统一制发的专用票据的，当事人有权拒绝缴纳罚款。

第七十一条 执法人员当场收缴的罚款，应当自收缴罚款之日起二日内，交至行政机关；在水上当场收缴的罚款，应当自抵岸之日起二日内交至行政机关；行政机关应当在二日内将罚款缴付指定的银行。

第七十二条 当事人逾期不履行行政处罚决定的，作出行政处罚决定的行政机关可以采取下列措施：

（一）到期不缴纳罚款的，每日按罚款数额的百分之三加处罚款，加处罚款的数额不得超出罚款的数额；

（二）根据法律规定，将查封、扣押的财物拍卖、依法处理或者将冻结的存款、汇款划拨抵缴罚款；

（三）根据法律规定，采取其他行政强制执行方式；

（四）依照《中华人民共和国行政强制法》的规定申请人民法院强制执行。

行政机关批准延期、分期缴纳罚款的，申请人民法院强制执行的期限，自暂缓或者分期缴纳罚款期限结束之日起计算。

第七十三条 当事人对行政处罚决定不服，申请行政复议或者提起行政诉讼的，行政处罚不停止执行，法律另有规定的除外。

当事人对限制人身自由的行政处罚决定不服，申请行政复议或者提起行政诉讼的，可以向作出决定的机关提出暂缓执行申请。符合法律规定情形的，应当暂缓执行。

当事人申请行政复议或者提起行政诉讼的，加处罚款的数额在行政复议或者行政诉讼期间不予计算。

第七十四条 除依法应当予以销毁的物品外，依法没收的非法财物必须按照国家规定公开拍卖或者按照国家有关规定处理。

罚款、没收的违法所得或者没收非法财物拍卖的款项，必须全部上缴国库，任何行政机关或者个人不得以任何形式截留、私分或者变相私分。

罚款、没收的违法所得或者没收非法财物拍卖的款项，不得同作出行政处罚决定的行政机关及其工作人员的考核、考评直接或者变相挂钩。除依法应当退还、退赔的外，财政部门不得以任何形式向作出行政处罚决定的行政机关返还罚款、没收的违法所得或者没收非法财物拍卖的款项。

第七十五条 行政机关应当建立健全对行政处罚的监督制度。县级以上人民政府应当定期组织开展行政执法评议、考核，加强对行政处罚的监督检查，规范和保障行政处罚的实施。

行政机关实施行政处罚应当接受社会监督。公民、法人或者其他组织对行政机关实施行政处罚的行为，有权申诉或者检举；行政机关应当认真审查，发现有错误的，应当主动改正。

第七章 法律责任

第七十六条 行政机关实施行政处罚，有下列情形之一，由上级行政机关或者有关机关责令改正，对直接负责的主管人员和其他直接责任人员依法给予处分：

（一）没有法定的行政处罚依据的；

（二）擅自改变行政处罚种类、幅度的；

（三）违反法定的行政处罚程序的；

（四）违反本法第二十条关于委托处罚的规定的；

（五）执法人员未取得执法证件的。

行政机关对符合立案标准的案件不及时立案的，依照前款规定予以处理。

第七十七条 行政机关对当事人进行处罚不使用罚款、没收财物单据或者使用非法定部门制发的罚款、没收财物单据的，当事人有权拒绝，并有权予以检举，由上级行政机关或者有关机关对使用的非法单据予以收缴销毁，对直接负责的主管人员和其他直接责任人员依法给予处分。

第七十八条 行政机关违反本法第六十七条的规定自行收缴罚款的，财政部门违反本法第七十四条的规定向行政机关返还罚款、没收的违法所得或者拍卖款项的，由上级行政机关或者有关机关责令改正，对直接负责的主管人员和其他直接责任人员依法给予处分。

第七十九条 行政机关截留、私分或者变相私分罚款、没收的违法所得或者财物的，由财政部门或者有关机关予以追缴，对直接负责的主管人员和其他直接责任人员依法给予处分；情节严重构成犯罪的，依法追究刑事责任。

执法人员利用职务上的便利，索取或者收受他人财物、将收缴罚款据为己有，构成犯罪的，依法追究刑事责任；情节轻微不构成犯罪的，依法给予处分。

第八十条 行政机关使用或者损毁查封、扣押的财物，对当事人造成损失的，应当依法予以赔偿，对直接负责的主管人员和其他直接责任人员依法给予处分。

第八十一条 行政机关违法实施检查措施或者执行措施，给公民人身或者财产造成损害、给法人或者其他组织造成损失的，应当依法予以赔偿，对直接负责的主管人员和其他直接责任人员依法给予处分；情节严重构成犯罪的，依法追究刑事责任。

第八十二条 行政机关对应当依法移交司法机关追究刑事责任的案件不移交，以行政处罚代替刑事处罚，由上级行政机关或者有关机关责令改正，对直接负责的主管人员和其他直接责任人员依法给予处分；情节严重构成犯罪的，依法追究刑事责任。

第八十三条 行政机关对应当予以制止和处罚的违法行为不予制止、处罚，致使公民、法人或者其他组织的合法权益、公共利益和社会秩序遭受损害的，对直接负责的主管人员和其他直接责任人员依法给予处分；情节严重构成犯罪的，依法追究刑事责任。

第八章　附　　则

第八十四条 外国人、无国籍人、外国组织在中华人民共和国领域内有违法行为，应当给予行政处罚的，适用本法，法律另有规定的除外。

第八十五条 本法中“二日”“三日”“五日”“七日”的规定是指工作日，不含法定节假日。

第八十六条 本法自 2021 年 7 月 15 日起施行。

中华人民共和国行政强制法

（2011年6月30日第十一届全国人民代表大会常务委员会第二十一次会议通过　2011年6月30日中华人民共和国主席令第49号公布　自2012年1月1日起施行）

目　　录

第一章　总　　则
第二章　行政强制的种类和设定
第三章　行政强制措施实施程序
　第一节　一般规定
　第二节　查封、扣押
　第三节　冻　　结
第四章　行政机关强制执行程序
　第一节　一般规定
　第二节　金钱给付义务的执行
　第三节　代履行
第五章　申请人民法院强制执行
第六章　法律责任
第七章　附　　则

第一章　总　　则

第一条　为了规范行政强制的设定和实施，保障和监督行政机关依法履行职责，维护公共利益和社会秩序，保护公民、法人和其他组织的合法权益，根据宪法，制定本法。

第二条　本法所称行政强制，包括行政强制措施和行政强制执行。

行政强制措施，是指行政机关在行政管理过程中，为制止违法行为、防止证据损毁、避免危害发生、控制危险扩大等情形，依法对公民的人身自由实施暂时性限制，或者对公民、法人或者其他组织的财物实施暂时性控制的行为。

行政强制执行，是指行政机关或者行政机关申请人民法院，对不履行行政决定的公民、法人或者其他组织，依法强制履行义务的行为。

第三条 行政强制的设定和实施，适用本法。

发生或者即将发生自然灾害、事故灾难、公共卫生事件或者社会安全事件等突发事件，行政机关采取应急措施或者临时措施，依照有关法律、行政法规的规定执行。

行政机关采取金融业审慎监管措施、进出境货物强制性技术监控措施，依照有关法律、行政法规的规定执行。

第四条 行政强制的设定和实施，应当依照法定的权限、范围、条件和程序。

第五条 行政强制的设定和实施，应当适当。采用非强制手段可以达到行政管理目的的，不得设定和实施行政强制。

第六条 实施行政强制，应当坚持教育与强制相结合。

第七条 行政机关及其工作人员不得利用行政强制权为单位或者个人谋取利益。

第八条 公民、法人或者其他组织对行政机关实施行政强制，享有陈述权、申辩权；有权依法申请行政复议或者提起行政诉讼；因行政机关违法实施行政强制受到损害的，有权依法要求赔偿。

公民、法人或者其他组织因人民法院在强制执行中有违法行为或者扩大强制执行范围受到损害的，有权依法要求赔偿。

第二章 行政强制的种类和设定

第九条 行政强制措施的种类：

（一）限制公民人身自由；

（二）查封场所、设施或者财物；

（三）扣押财物；

（四）冻结存款、汇款；

（五）其他行政强制措施。

第十条 行政强制措施由法律设定。

尚未制定法律，且属于国务院行政管理职权事项的，行政法规可以设定除本法第九条第一项、第四项和应当由法律规定的行政强制措施以外的其他行政强制措施。

尚未制定法律、行政法规，且属于地方性事务的，地方性法规可以设定本法第九条第二项、第三项的行政强制措施。

法律、法规以外的其他规范性文件不得设定行政强制措施。

第十一条 法律对行政强制措施的对象、条件、种类作了规定的，行政法规、地方性法规不得作出扩大规定。

法律中未设定行政强制措施的，行政法规、地方性法规不得设定行政强制措施。但是，法律规定特定事项由行政法规规定具体管理措施的，行政法规可以设定除本法第九条第一项、第四项和应当由法律规定的行政强制措施以外的其他行政强制措施。

第十二条 行政强制执行的方式：

（一）加处罚款或者滞纳金；

（二）划拨存款、汇款；

（三）拍卖或者依法处理查封、扣押的场所、设施或者财物；

（四）排除妨碍、恢复原状；

（五）代履行；

（六）其他强制执行方式。

第十三条 行政强制执行由法律设定。

法律没有规定行政机关强制执行的，作出行政决定的行政机关应当申请人民法院强制执行。

第十四条 起草法律草案、法规草案，拟设定行政强制的，起草单位应当采取听证会、论证会等形式听取意见，并向制定机关说明设定该行政强制的必要性、可能产生的影响以及听取和采纳意见的情况。

第十五条 行政强制的设定机关应当定期对其设定的行政强制进行评价，并对不适当的行政强制及时予以修改或者废止。

行政强制的实施机关可以对已设定的行政强制的实施情况及存在的必要性适时进行评价，并将意见报告该行政强制的设定机关。

公民、法人或者其他组织可以向行政强制的设定机关和实施机关就行政强制的设定和实施提出意见和建议。有关机关应当认真研究论证，并以适当方式予以反馈。

第三章　行政强制措施实施程序

第一节　一般规定

第十六条　行政机关履行行政管理职责，依照法律、法规的规定，实施行政强制措施。

违法行为情节显著轻微或者没有明显社会危害的，可以不采取行政强制措施。

第十七条　行政强制措施由法律、法规规定的行政机关在法定职权范围内实施。行政强制措施权不得委托。

依据《中华人民共和国行政处罚法》的规定行使相对集中行政处罚权的行政机关，可以实施法律、法规规定的与行政处罚权有关的行政强制措施。

行政强制措施应当由行政机关具备资格的行政执法人员实施，其他人员不得实施。

第十八条　行政机关实施行政强制措施应当遵守下列规定：

（一）实施前须向行政机关负责人报告并经批准；

（二）由两名以上行政执法人员实施；

（三）出示执法身份证件；

（四）通知当事人到场；

（五）当场告知当事人采取行政强制措施的理由、依据以及当事人依法享有的权利、救济途径；

（六）听取当事人的陈述和申辩；

（七）制作现场笔录；

（八）现场笔录由当事人和行政执法人员签名或者盖章，当事人拒绝的，在笔录中予以注明；

（九）当事人不到场的，邀请见证人到场，由见证人和行政执法人员在现场笔录上签名或者盖章；

（十）法律、法规规定的其他程序。

第十九条　情况紧急，需要当场实施行政强制措施的，行政执法人员应当在二十四小时内向行政机关负责人报告，并补办批准手续。行政机关负责人认为不应当采取行政强制措施的，应当立即解除。

第二十条　依照法律规定实施限制公民人身自由的行政强制措施，除应当履行本法第十八条规定的程序外，还应当遵守下列规定：

（一）当场告知或者实施行政强制措施后立即通知当事人家属实施行政强制措施的行政机关、地点和期限；

（二）在紧急情况下当场实施行政强制措施的，在返回行政机关后，立即向行政机关负责人报告并补办批准手续；

（三）法律规定的其他程序。

实施限制人身自由的行政强制措施不得超过法定期限。实施行政强制措施的目的已经达到或者条件已经消失，应当立即解除。

第二十一条 违法行为涉嫌犯罪应当移送司法机关的，行政机关应当将查封、扣押、冻结的财物一并移送，并书面告知当事人。

第二节 查封、扣押

第二十二条 查封、扣押应当由法律、法规规定的行政机关实施，其他任何行政机关或者组织不得实施。

第二十三条 查封、扣押限于涉案的场所、设施或者财物，不得查封、扣押与违法行为无关的场所、设施或者财物；不得查封、扣押公民个人及其所扶养家属的生活必需品。

当事人的场所、设施或者财物已被其他国家机关依法查封的，不得重复查封。

第二十四条 行政机关决定实施查封、扣押的，应当履行本法第十八条规定的程序，制作并当场交付查封、扣押决定书和清单。

查封、扣押决定书应当载明下列事项：

（一）当事人的姓名或者名称、地址；

（二）查封、扣押的理由、依据和期限；

（三）查封、扣押场所、设施或者财物的名称、数量等；

（四）申请行政复议或者提起行政诉讼的途径和期限；

（五）行政机关的名称、印章和日期。

查封、扣押清单一式二份，由当事人和行政机关分别保存。

第二十五条 查封、扣押的期限不得超过三十日；情况复杂的，经行政机关负责人批准，可以延长，但是延长期限不得超过三十日。法律、行政法规另有规定的除外。

延长查封、扣押的决定应当及时书面告知当事人，并说明理由。

对物品需要进行检测、检验、检疫或者技术鉴定的，查封、扣押的期间不包括检测、检验、检疫或者技术鉴定的期间。检测、检验、检疫或者技术鉴定的期间应当明确，并书面告知当事人。检测、检验、检疫或者技术鉴定的费用由行政机关承担。

第二十六条 对查封、扣押的场所、设施或者财物，行政机关应当妥善保管，不得使用或者损毁；造成损失的，应当承担赔偿责任。

对查封的场所、设施或者财物，行政机关可以委托第三人保管，第三人不得损毁或者擅自转移、处置。因第三人的原因造成的损失，行政机关先行赔付后，有权向第三人追偿。

因查封、扣押发生的保管费用由行政机关承担。

第二十七条 行政机关采取查封、扣押措施后，应当及时查清事实，在本法第二十五条规定的期限内作出处理决定。对违法事实清楚，依法应当没收的非法财物予以没收；法律、行政法规规定应当销毁的，依法销毁；应当解除查封、扣押的，作出解除查封、扣押的决定。

第二十八条 有下列情形之一的，行政机关应当及时作出解除查封、扣押决定：

（一）当事人没有违法行为；

（二）查封、扣押的场所、设施或者财物与违法行为无关；

（三）行政机关对违法行为已经作出处理决定，不再需要查封、扣押；

（四）查封、扣押期限已经届满；

（五）其他不再需要采取查封、扣押措施的情形。

解除查封、扣押应当立即退还财物；已将鲜活物品或者其他不易保管的财物拍卖或者变卖的，退还拍卖或者变卖所得款项。变卖价格明显低于市场价格，给当事人造成损失的，应当给予补偿。

第三节 冻　结

第二十九条 冻结存款、汇款应当由法律规定的行政机关实施，不得委托给其他行政机关或者组织；其他任何行政机关或者组织不得冻结存款、汇款。

冻结存款、汇款的数额应当与违法行为涉及的金额相当；已被其他国家机关依法冻结的，不得重复冻结。

第三十条 行政机关依照法律规定决定实施冻结存款、汇款的，应当履行本法第十八条第一项、第二项、第三项、第七项规定的程序，并向金融机构交付冻结通知书。

金融机构接到行政机关依法作出的冻结通知书后，应当立即予以冻结，不得拖延，不得在冻结前向当事人泄露信息。

法律规定以外的行政机关或者组织要求冻结当事人存款、汇款的，金融机构应当拒绝。

第三十一条 依照法律规定冻结存款、汇款的，作出决定的行政机关应当在三日内向当事人交付冻结决定书。冻结决定书应当载明下列事项：

（一）当事人的姓名或者名称、地址；

（二）冻结的理由、依据和期限；

（三）冻结的账号和数额；

（四）申请行政复议或者提起行政诉讼的途径和期限；

（五）行政机关的名称、印章和日期。

第三十二条 自冻结存款、汇款之日起三十日内，行政机关应当作出处理决定或者作出解除冻结决定；情况复杂的，经行政机关负责人批准，可以延长，但是延长期限不得超过三十日。法律另有规定的除外。

延长冻结的决定应当及时书面告知当事人，并说明理由。

第三十三条 有下列情形之一的，行政机关应当及时作出解除冻结决定：

（一）当事人没有违法行为；

（二）冻结的存款、汇款与违法行为无关；

（三）行政机关对违法行为已经作出处理决定，不再需要冻结；

（四）冻结期限已经届满；

（五）其他不再需要采取冻结措施的情形。

行政机关作出解除冻结决定的，应当及时通知金融机构和当事人。金融机构接到通知后，应当立即解除冻结。

行政机关逾期未作出处理决定或者解除冻结决定的，金融机构应当自冻结期满之日起解除冻结。

第四章 行政机关强制执行程序

第一节 一般规定

第三十四条 行政机关依法作出行政决定后，当事人在行政机关决定的期限内不履行义务的，具有行政强制执行权的行政机关依照本章规定强制执行。

第三十五条 行政机关作出强制执行决定前，应当事先催告当事人履行义务。催告应当以书面形式作出，并载明下列事项：

（一）履行义务的期限；

（二）履行义务的方式；

（三）涉及金钱给付的，应当有明确的金额和给付方式；

（四）当事人依法享有的陈述权和申辩权。

第三十六条 当事人收到催告书后有权进行陈述和申辩。行政机关应当充分听取当事人的意见，对当事人提出的事实、理由和证据，应当进行记录、复核。当事人提出的事实、理由或者证据成立的，行政机关应当采纳。

第三十七条 经催告，当事人逾期仍不履行行政决定，且无正当理由的，行政机关可以作出强制执行决定。

强制执行决定应当以书面形式作出，并载明下列事项：

（一）当事人的姓名或者名称、地址；

（二）强制执行的理由和依据；

（三）强制执行的方式和时间；

（四）申请行政复议或者提起行政诉讼的途径和期限；

（五）行政机关的名称、印章和日期。

在催告期间，对有证据证明有转移或者隐匿财物迹象的，行政机关可以作出立即强制执行决定。

第三十八条 催告书、行政强制执行决定书应当直接送达当事人。当事人拒绝接收或者无法直接送达当事人的，应当依照《中华人民共和国民事诉讼法》的有关规定送达。

第三十九条 有下列情形之一的，中止执行：

（一）当事人履行行政决定确有困难或者暂无履行能力的；

（二）第三人对执行标的主张权利，确有理由的；

（三）执行可能造成难以弥补的损失，且中止执行不损害公共利益的；

（四）行政机关认为需要中止执行的其他情形。

中止执行的情形消失后，行政机关应当恢复执行。对没有明显社会危害，当事人确无能力履行，中止执行满三年未恢复执行的，行政机关不再执行。

第四十条 有下列情形之一的，终结执行：

（一）公民死亡，无遗产可供执行，又无义务承受人的；

（二）法人或者其他组织终止，无财产可供执行，又无义务承受人的；

（三）执行标的灭失的；

（四）据以执行的行政决定被撤销的；

（五）行政机关认为需要终结执行的其他情形。

第四十一条 在执行中或者执行完毕后，据以执行的行政决定被撤销、变更，或者执行错误的，应当恢复原状或者退还财物；不能恢复原状或者退还财物的，依法给予赔偿。

第四十二条 实施行政强制执行，行政机关可以在不损害公共利益和他人合法权益的情况下，与当事人达成执行协议。执行协议可以约定分阶段履行；当事人采取补救措施的，可以减免加处的罚款或者滞纳金。

执行协议应当履行。当事人不履行执行协议的，行政机关应当恢复强制执行。

第四十三条 行政机关不得在夜间或者法定节假日实施行政强制执行。但是，情况紧急的除外。

行政机关不得对居民生活采取停止供水、供电、供热、供燃气等方式迫使当事人履行相关行政决定。

第四十四条 对违法的建筑物、构筑物、设施等需要强制拆除的，应当由行政机关予以公告，限期当事人自行拆除。当事人在法定期限内不申请行政复议或者提起行政诉讼，又不拆除的，行政机关可以依法强制拆除。

第二节 金钱给付义务的执行

第四十五条 行政机关依法作出金钱给付义务的行政决定，当事人逾期不履行的，行政机关可以依法加处罚款或者滞纳金。加处罚款或者滞纳金的标准应当告知当事人。

加处罚款或者滞纳金的数额不得超出金钱给付义务的数额。

第四十六条 行政机关依照本法第四十五条规定实施加处罚款或者滞纳金超过三十日，经催告当事人仍不履行的，具有行政强制执行权的行政机关可以强制执行。

行政机关实施强制执行前，需要采取查封、扣押、冻结措施的，依照本法第三章规定办理。

没有行政强制执行权的行政机关应当申请人民法院强制执行。但是，当事人在法定期限内不申请行政复议或者提起行政诉讼，经催告仍不履行的，在实施行政管理过程中已经采取查封、扣押措施的行政机关，可以将查封、扣押的财物依法拍卖抵缴罚款。

第四十七条 划拨存款、汇款应当由法律规定的行政机关决定，并书面通知金融机构。金融机构接到行政机关依法作出划拨存款、汇款的决定后，应当立即划拨。

法律规定以外的行政机关或者组织要求划拨当事人存款、汇款的，金融机构应当拒绝。

第四十八条 依法拍卖财物，由行政机关委托拍卖机构依照《中华人民共和国拍卖法》的规定办理。

第四十九条 划拨的存款、汇款以及拍卖和依法处理所得的款项应当上缴国库或者划入财政专户。任何行政机关或者个人不得以任何形式截留、私分或者变相私分。

第三节 代 履 行

第五十条 行政机关依法作出要求当事人履行排除妨碍、恢复原状等义务的行政决定，当事人逾期不履行，经催告仍不履行，其后果已经或者将危害交通安全、造成环境污染或者破坏自然资源的，行政机关可以代履行，或者委托没有利害关系的第三人代履行。

第五十一条 代履行应当遵守下列规定：

（一）代履行前送达决定书，代履行决定书应当载明当事人的姓名或者名称、地址，代履行的理由和依据、方式和时间、标的、费用预算以及代履行人；

（二）代履行三日前，催告当事人履行，当事人履行的，停止代履行；

（三）代履行时，作出决定的行政机关应当派员到场监督；

（四）代履行完毕，行政机关到场监督的工作人员、代履行人和当事人或者见证人应当在执行文书上签名或者盖章。

代履行的费用按照成本合理确定，由当事人承担。但是，法律另有规定的除外。

代履行不得采用暴力、胁迫以及其他非法方式。

第五十二条 需要立即清除道路、河道、航道或者公共场所的遗洒物、障碍物或者污染物，当事人不能清除的，行政机关可以决定立即实施代履行；

当事人不在场的，行政机关应当在事后立即通知当事人，并依法作出处理。

第五章　申请人民法院强制执行

第五十三条　当事人在法定期限内不申请行政复议或者提起行政诉讼，又不履行行政决定的，没有行政强制执行权的行政机关可以自期限届满之日起三个月内，依照本章规定申请人民法院强制执行。

第五十四条　行政机关申请人民法院强制执行前，应当催告当事人履行义务。催告书送达十日后当事人仍未履行义务的，行政机关可以向所在地有管辖权的人民法院申请强制执行；执行对象是不动产的，向不动产所在地有管辖权的人民法院申请强制执行。

第五十五条　行政机关向人民法院申请强制执行，应当提供下列材料：

（一）强制执行申请书；

（二）行政决定书及作出决定的事实、理由和依据；

（三）当事人的意见及行政机关催告情况；

（四）申请强制执行标的情况；

（五）法律、行政法规规定的其他材料。

强制执行申请书应当由行政机关负责人签名，加盖行政机关的印章，并注明日期。

第五十六条　人民法院接到行政机关强制执行的申请，应当在五日内受理。

行政机关对人民法院不予受理的裁定有异议的，可以在十五日内向上一级人民法院申请复议，上一级人民法院应当自收到复议申请之日起十五日内作出是否受理的裁定。

第五十七条　人民法院对行政机关强制执行的申请进行书面审查，对符合本法第五十五条规定，且行政决定具备法定执行效力的，除本法第五十八条规定的情形外，人民法院应当自受理之日起七日内作出执行裁定。

第五十八条　人民法院发现有下列情形之一的，在作出裁定前可以听取被执行人和行政机关的意见：

（一）明显缺乏事实根据的；

（二）明显缺乏法律、法规依据的；

（三）其他明显违法并损害被执行人合法权益的。

人民法院应当自受理之日起三十日内作出是否执行的裁定。裁定不予执行的，应当说明理由，并在五日内将不予执行的裁定送达行政机关。

行政机关对人民法院不予执行的裁定有异议的，可以自收到裁定之日起十五日内向上一级人民法院申请复议，上一级人民法院应当自收到复议申请之日起三十日内作出是否执行的裁定。

第五十九条 因情况紧急，为保障公共安全，行政机关可以申请人民法院立即执行。经人民法院院长批准，人民法院应当自作出执行裁定之日起五日内执行。

第六十条 行政机关申请人民法院强制执行，不缴纳申请费。强制执行的费用由被执行人承担。

人民法院以划拨、拍卖方式强制执行的，可以在划拨、拍卖后将强制执行的费用扣除。

依法拍卖财物，由人民法院委托拍卖机构依照《中华人民共和国拍卖法》的规定办理。

划拨的存款、汇款以及拍卖和依法处理所得的款项应当上缴国库或者划入财政专户，不得以任何形式截留、私分或者变相私分。

第六章 法律责任

第六十一条 行政机关实施行政强制，有下列情形之一的，由上级行政机关或者有关部门责令改正，对直接负责的主管人员和其他直接责任人员依法给予处分：

（一）没有法律、法规依据的；

（二）改变行政强制对象、条件、方式的；

（三）违反法定程序实施行政强制的；

（四）违反本法规定，在夜间或者法定节假日实施行政强制执行的；

（五）对居民生活采取停止供水、供电、供热、供燃气等方式迫使当事人履行相关行政决定的；

（六）有其他违法实施行政强制情形的。

第六十二条 违反本法规定，行政机关有下列情形之一的，由上级行政机关或者有关部门责令改正，对直接负责的主管人员和其他直接责任人员依法给予处分：

（一）扩大查封、扣押、冻结范围的；

（二）使用或者损毁查封、扣押场所、设施或者财物的；

（三）在查封、扣押法定期间不作出处理决定或者未依法及时解除查封、扣押的；

（四）在冻结存款、汇款法定期间不作出处理决定或者未依法及时解除冻结的。

第六十三条 行政机关将查封、扣押的财物或者划拨的存款、汇款以及拍卖和依法处理所得的款项，截留、私分或者变相私分的，由财政部门或者有关部门予以追缴；对直接负责的主管人员和其他直接责任人员依法给予记大过、降级、撤职或者开除的处分。

行政机关工作人员利用职务上的便利，将查封、扣押的场所、设施或者财物据为己有的，由上级行政机关或者有关部门责令改正，依法给予记大过、降级、撤职或者开除的处分。

第六十四条 行政机关及其工作人员利用行政强制权为单位或者个人谋取利益的，由上级行政机关或者有关部门责令改正，对直接负责的主管人员和其他直接责任人员依法给予处分。

第六十五条 违反本法规定，金融机构有下列行为之一的，由金融业监督管理机构责令改正，对直接负责的主管人员和其他直接责任人员依法给予处分：

（一）在冻结前向当事人泄露信息的；

（二）对应当立即冻结、划拨的存款、汇款不冻结或者不划拨，致使存款、汇款转移的；

（三）将不应当冻结、划拨的存款、汇款予以冻结或者划拨的；

（四）未及时解除冻结存款、汇款的。

第六十六条 违反本法规定，金融机构将款项划入国库或者财政专户以外的其他账户的，由金融业监督管理机构责令改正，并处以违法划拨款项二倍的罚款；对直接负责的主管人员和其他直接责任人员依法给予处分。

违反本法规定，行政机关、人民法院指令金融机构将款项划入国库或者财政专户以外的其他账户的，对直接负责的主管人员和其他直接责任人员依法给予处分。

第六十七条 人民法院及其工作人员在强制执行中有违法行为或者扩大强制执行范围的，对直接负责的主管人员和其他直接责任人员依法给予处分。

第六十八条 违反本法规定，给公民、法人或者其他组织造成损失的，依法给予赔偿。

违反本法规定，构成犯罪的，依法追究刑事责任。

第七章　附　　则

第六十九条　本法中十日以内期限的规定是指工作日，不含法定节假日。

第七十条　法律、行政法规授权的具有管理公共事务职能的组织在法定授权范围内，以自己的名义实施行政强制，适用本法有关行政机关的规定。

第七十一条　本法自2012年1月1日起施行。

环境保护主管部门实施查封、扣押办法

（2014年12月19日环境保护部令第29号公布　自2015年1月1日起施行）

第一章　总　　则

第一条　为规范实施查封、扣押，依据《中华人民共和国环境保护法》、《中华人民共和国行政强制法》等法律，制定本办法。

第二条　对企业事业单位和其他生产经营者（以下称排污者）违反法律法规规定排放污染物，造成或者可能造成严重污染，县级以上环境保护主管部门对造成污染物排放的设施、设备实施查封、扣押的，适用本办法。

第三条　环境保护主管部门实施查封、扣押所需经费，应当列入本机关的行政经费预算，由同级财政予以保障。

第二章　适用范围

第四条　排污者有下列情形之一的，环境保护主管部门依法实施查封、扣押：

（一）违法排放、倾倒或者处置含传染病病原体的废物、危险废物、含重金属污染物或者持久性有机污染物等有毒物质或者其他有害物质的；

（二）在饮用水水源一级保护区、自然保护区核心区违反法律法规规定排放、倾倒、处置污染物的；

（三）违反法律法规规定排放、倾倒化工、制药、石化、印染、电镀、造纸、制革等工业污泥的；

（四）通过暗管、渗井、渗坑、灌注或者篡改、伪造监测数据，或者不正常运行防治污染设施等逃避监管的方式违反法律法规规定排放污染物的；

（五）较大、重大和特别重大突发环境事件发生后，未按照要求执行停产、停排措施，继续违反法律法规规定排放污染物的；

（六）法律、法规规定的其他造成或者可能造成严重污染的违法排污行为。

有前款第一项、第二项、第三项、第六项情形之一的，环境保护主管部门可以实施查封、扣押；已造成严重污染或者有前款第四项、第五项情形之一的，环境保护主管部门应当实施查封、扣押。

第五条 环境保护主管部门查封、扣押排污者造成污染物排放的设施、设备，应当符合有关法律的规定。不得重复查封、扣押排污者已被依法查封的设施、设备。

对不易移动的或者有特殊存放要求的设施、设备，应当就地查封。查封时，可以在该设施、设备的控制装置等关键部件或者造成污染物排放所需供水、供电、供气等开关阀门张贴封条。

第六条 具备下列情形之一的排污者，造成或者可能造成严重污染的，环境保护主管部门应当按照有关环境保护法律法规予以处罚，可以不予实施查封、扣押：

（一）城镇污水处理、垃圾处理、危险废物处置等公共设施的运营单位；

（二）生产经营业务涉及基本民生、公共利益的；

（三）实施查封、扣押可能影响生产安全的。

第七条 环境保护主管部门实施查封、扣押的，应当依法向社会公开查封、扣押决定，查封、扣押延期情况和解除查封、扣押决定等相关信息。

第三章 实施程序

第八条 实施查封、扣押的程序包括调查取证、审批、决定、执行、送达、解除。

第九条 环境保护主管部门实施查封、扣押前，应当做好调查取证工作。

查封、扣押的证据包括现场检查笔录、调查询问笔录、环境监测报告、视听资料、证人证言和其他证明材料。

第十条 需要实施查封、扣押的，应当书面报经环境保护主管部门负责人批准；案情重大或者社会影响较大的，应当经环境保护主管部门案件审查委员会集体审议决定。

第十一条 环境保护主管部门决定实施查封、扣押的，应当制作查封、扣押决定书和清单。

查封、扣押决定书应当载明下列事项：

（一）排污者的基本情况，包括名称或者姓名、营业执照号码或者居民身份证号码、组织机构代码、地址以及法定代表人或者主要负责人姓名等；

（二）查封、扣押的依据和期限；

（三）查封、扣押设施、设备的名称、数量和存放地点等；

（四）排污者应当履行的相关义务及申请行政复议或者提起行政诉讼的途径和期限；

（五）环境保护主管部门的名称、印章和决定日期。

第十二条 实施查封、扣押应当符合下列要求：

（一）由两名以上具有行政执法资格的环境行政执法人员实施，并出示执法身份证件；

（二）通知排污者的负责人或者受委托人到场，当场告知实施查封、扣押的依据以及依法享有的权利、救济途径，并听取其陈述和申辩；

（三）制作现场笔录，必要时可以进行现场拍摄。现场笔录的内容应当包括查封、扣押实施的起止时间和地点等；

（四）当场清点并制作查封、扣押设施、设备清单，由排污者和环境保护主管部门分别收执。委托第三人保管的，应同时交第三人收执。执法人员可以对上述过程进行现场拍摄；

（五）现场笔录和查封、扣押设施、设备清单由排污者和执法人员签名或者盖章；

（六）张贴封条或者采取其他方式，明示环境保护主管部门已实施查封、扣押。

第十三条 情况紧急，需要当场实施查封、扣押的，应当在实施后二十四小时内补办批准手续。环境保护主管部门负责人认为不需要实施查封、扣押的，应当立即解除。

第十四条 查封、扣押决定书应当当场交付排污者负责人或者受委托人签收。排污者负责人或者受委托人应当签名或者盖章，注明日期。

实施查封、扣押过程中，排污者负责人或者受委托人拒不到场或者拒绝签名、盖章的，环境行政执法人员应当予以注明，并可以邀请见证人到场，由见证人和环境行政执法人员签名或者盖章。

第十五条 查封、扣押的期限不得超过三十日；情况复杂的，经本级环境保护主管部门负责人批准可以延长，但延长期限不得超过三十日。法律、法规另有规定的除外。

延长查封、扣押的决定应当及时书面告知排污者，并说明理由。

第十六条 对就地查封的设施、设备，排污者应当妥善保管，不得擅自损毁封条、变更查封状态或者启用已查封的设施、设备。

对扣押的设施、设备，环境保护主管部门应当妥善保管，也可以委托第三人保管。扣押期间设施、设备的保管费用由环境保护主管部门承担。

第十七条 查封的设施、设备造成损失的，由排污者承担。扣押的设施、设备造成损失的，由环境保护主管部门承担；因受委托第三人原因造成损失的，委托的环境保护主管部门先行赔付后，可以向受委托第三人追偿。

第十八条 排污者在查封、扣押期限届满前，可以向决定实施查封、扣押的环境保护主管部门提出解除申请，并附具相关证明材料。

第十九条 环境保护主管部门应当自收到解除查封、扣押申请之日起五个工作日内，组织核查，并根据核查结果分别作出如下决定：

（一）确已改正违反法律法规规定排放污染物行为的，解除查封、扣押；

（二）未改正违反法律法规规定排放污染物行为的，维持查封、扣押。

第二十条 环境保护主管部门实施查封、扣押后，应当及时查清事实，有下列情形之一的，应当立即作出解除查封、扣押决定：

（一）对违反法律法规规定排放污染物行为已经作出行政处罚或者处理决定，不再需要实施查封、扣押的；

（二）查封、扣押期限已经届满的；

（三）其他不再需要实施查封、扣押的情形。

第二十一条 查封、扣押措施被解除的，环境保护主管部门应当立即通知排污者，并自解除查封、扣押决定作出之日起三个工作日内送达解除决定。

扣押措施被解除的，还应当通知排污者领回扣押物；无法通知的，应当进行公告，排污者应当自招领公告发布之日起六十日内领回；逾期未领回的，所造成的损失由排污者自行承担。

扣押物无法返还的，环境保护主管部门可以委托拍卖机构依法拍卖或者变卖，所得款项上缴国库。

第二十二条 排污者涉嫌环境污染犯罪已由公安机关立案侦查的，环境保护主管部门应当依法移送查封、扣押的设施、设备及有关法律文书、清单。

第二十三条　环境保护主管部门对查封后的设施、设备应当定期检视其封存情况。

排污者阻碍执法、擅自损毁封条、变更查封状态或者隐藏、转移、变卖、启用已查封的设施、设备的，环境保护主管部门应当依据《中华人民共和国治安管理处罚法》等法律法规及时提请公安机关依法处理。

第四章　附　　则

第二十四条　本办法由国务院环境保护主管部门负责解释。

第二十五条　本办法自 2015 年 1 月 1 日起施行。

环境保护主管部门实施按日连续处罚办法

（2014 年 12 月 19 日环境保护部令第 28 号公布　自 2015 年 1 月 1 日起施行）

第一章　总　　则

第一条　为规范实施按日连续处罚，依据《中华人民共和国环境保护法》、《中华人民共和国行政处罚法》等法律，制定本办法。

第二条　县级以上环境保护主管部门对企业事业单位和其他生产经营者（以下称排污者）实施按日连续处罚的，适用本办法。

第三条　实施按日连续处罚，应当坚持教育与处罚相结合的原则，引导和督促排污者及时改正环境违法行为。

第四条　环境保护主管部门实施按日连续处罚，应当依法向社会公开行政处罚决定和责令改正违法行为决定等相关信息。

第二章　适用范围

第五条　排污者有下列行为之一，受到罚款处罚，被责令改正，拒不改正的，依法作出罚款处罚决定的环境保护主管部门可以实施按日连续处罚：

（一）超过国家或者地方规定的污染物排放标准，或者超过重点污染物排放总量控制指标排放污染物的；

（二）通过暗管、渗井、渗坑、灌注或者篡改、伪造监测数据，或者不正常运行防治污染设施等逃避监管的方式排放污染物的；

（三）排放法律、法规规定禁止排放的污染物的；

（四）违法倾倒危险废物的；

（五）其他违法排放污染物行为。

第六条 地方性法规可以根据环境保护的实际需要，增加按日连续处罚的违法行为的种类。

第三章 实施程序

第七条 环境保护主管部门检查发现排污者违法排放污染物的，应当进行调查取证，并依法作出行政处罚决定。

按日连续处罚决定应当在前款规定的行政处罚决定之后作出。

第八条 环境保护主管部门可以当场认定违法排放污染物的，应当在现场调查时向排污者送达责令改正违法行为决定书，责令立即停止违法排放污染物行为。

需要通过环境监测认定违法排放污染物的，环境监测机构应当按照监测技术规范要求进行监测。环境保护主管部门应当在取得环境监测报告后三个工作日内向排污者送达责令改正违法行为决定书，责令立即停止违法排放污染物行为。

第九条 责令改正违法行为决定书应当载明下列事项：

（一）排污者的基本情况，包括名称或者姓名、营业执照号码或者居民身份证号码、组织机构代码、地址以及法定代表人或者主要负责人姓名等；

（二）环境违法事实和证据；

（三）违反法律、法规或者规章的具体条款和处理依据；

（四）责令立即改正的具体内容；

（五）拒不改正可能承担按日连续处罚的法律后果；

（六）申请行政复议或者提起行政诉讼的途径和期限；

（七）环境保护主管部门的名称、印章和决定日期。

第十条 环境保护主管部门应当在送达责令改正违法行为决定书之日起三十日内，以暗查方式组织对排污者违法排放污染物行为的改正情况实施复查。

第十一条 排污者在环境保护主管部门实施复查前，可以向作出责令改正违法行为决定书的环境保护主管部门报告改正情况，并附具相关证明材料。

第十二条 环境保护主管部门复查时发现排污者拒不改正违法排放污染物行为的，可以对其实施按日连续处罚。

环境保护主管部门复查时发现排污者已经改正违法排放污染物行为或者已经停产、停业、关闭的，不启动按日连续处罚。

第十三条 排污者具有下列情形之一的，认定为拒不改正：

（一）责令改正违法行为决定书送达后，环境保护主管部门复查发现仍在继续违法排放污染物的；

（二）拒绝、阻挠环境保护主管部门实施复查的。

第十四条 复查时排污者被认定为拒不改正违法排放污染物行为的，环境保护主管部门应当按照本办法第八条的规定再次作出责令改正违法行为决定书并送达排污者，责令立即停止违法排放污染物行为，并应当依照本办法第十条、第十二条的规定对排污者再次进行复查。

第十五条 环境保护主管部门实施按日连续处罚应当符合法律规定的行政处罚程序。

第十六条 环境保护主管部门决定实施按日连续处罚的，应当依法作出处罚决定书。

处罚决定书应当载明下列事项：

（一）排污者的基本情况，包括名称或者姓名、营业执照号码或者居民身份证号码、组织机构代码、地址以及法定代表人或者主要负责人姓名等；

（二）初次检查发现的环境违法行为及该行为的原处罚决定、拒不改正的违法事实和证据；

（三）按日连续处罚的起止时间和依据；

（四）按照按日连续处罚规则决定的罚款数额；

（五）按日连续处罚的履行方式和期限；

（六）申请行政复议或者提起行政诉讼的途径和期限；

（七）环境保护主管部门名称、印章和决定日期。

第四章 计罚方式

第十七条 按日连续处罚的计罚日数为责令改正违法行为决定书送达排污者之日的次日起，至环境保护主管部门复查发现违法排放污染物行为之日止。再次复查仍拒不改正的，计罚日数累计执行。

第十八条 再次复查时违法排放污染物行为已经改正，环境保护主管部门在之后的检查中又发现排污者有本办法第五条规定的情形的，应当重新作出处罚决定，按日连续处罚的计罚周期重新起算。按日连续处罚次数不受限制。

第十九条 按日连续处罚每日的罚款数额，为原处罚决定书确定的罚款数额。

按照按日连续处罚规则决定的罚款数额，为原处罚决定书确定的罚款数额乘以计罚日数。

第五章 附 则

第二十条 环境保护主管部门针对违法排放污染物行为实施按日连续处罚的，可以同时适用责令排污者限制生产、停产整治或者查封、扣押等措施；因采取上述措施使排污者停止违法排污行为的，不再实施按日连续处罚。

第二十一条 本办法由国务院环境保护主管部门负责解释。

第二十二条 本办法自2015年1月1日起施行。

环境保护主管部门
实施限制生产、停产整治办法

（2014年12月19日环境保护部令第30号公布 自2015年1月1日起施行）

第一章 总 则

第一条 为规范实施限制生产、停产整治措施，依据《中华人民共和国环境保护法》，制定本办法。

第二条 县级以上环境保护主管部门对超过污染物排放标准或者超过重点污染物排放总量控制指标排放污染物的企业事业单位和其他生产经营者（以下称排污者），责令采取限制生产、停产整治措施的，适用本办法。

第三条 环境保护主管部门作出限制生产、停产整治决定时，应当责令排污者改正或者限期改正违法行为，并依法实施行政处罚。

第四条 环境保护主管部门实施限制生产、停产整治的，应当依法向社会公开限制生产、停产整治决定，限制生产延期情况和解除限制生产、停产整治的日期等相关信息。

第二章　适用范围

第五条　排污者超过污染物排放标准或者超过重点污染物日最高允许排放总量控制指标的，环境保护主管部门可以责令其采取限制生产措施。

第六条　排污者有下列情形之一的，环境保护主管部门可以责令其采取停产整治措施：

（一）通过暗管、渗井、渗坑、灌注或者篡改、伪造监测数据，或者不正常运行防治污染设施等逃避监管的方式排放污染物，超过污染物排放标准的；

（二）非法排放含重金属、持久性有机污染物等严重危害环境、损害人体健康的污染物超过污染物排放标准三倍以上的；

（三）超过重点污染物排放总量年度控制指标排放污染物的；

（四）被责令限制生产后仍然超过污染物排放标准排放污染物的；

（五）因突发事件造成污染物排放超过排放标准或者重点污染物排放总量控制指标的；

（六）法律、法规规定的其他情形。

第七条　具备下列情形之一的排污者，超过污染物排放标准或者超过重点污染物排放总量控制指标排放污染物的，环境保护主管部门应当按照有关环境保护法律法规予以处罚，可以不予实施停产整治：

（一）城镇污水处理、垃圾处理、危险废物处置等公共设施的运营单位；

（二）生产经营业务涉及基本民生、公共利益的；

（三）实施停产整治可能影响生产安全的。

第八条　排污者有下列情形之一的，由环境保护主管部门报经有批准权的人民政府责令停业、关闭：

（一）两年内因排放含重金属、持久性有机污染物等有毒物质超过污染物排放标准受过两次以上行政处罚，又实施前列行为的；

（二）被责令停产整治后拒不停产或者擅自恢复生产的；

（三）停产整治决定解除后，跟踪检查发现又实施同一违法行为的；

（四）法律法规规定的其他严重环境违法情节的。

第三章　实施程序

第九条　环境保护主管部门在作出限制生产、停产整治决定前，应当做好调查取证工作。

责令限制生产、停产整治的证据包括现场检查笔录、调查询问笔录、环境监测报告、视听资料、证人证言和其他证明材料。

第十条 作出限制生产、停产整治决定前，应当书面报经环境保护主管部门负责人批准；案情重大或者社会影响较大的，应当经环境保护主管部门案件审查委员会集体审议决定。

第十一条 环境保护主管部门作出限制生产、停产整治决定前，应当告知排污者有关事实、依据及其依法享有的陈述、申辩或者要求举行听证的权利；就同一违法行为进行行政处罚的，可以在行政处罚事先告知书或者行政处罚听证告知书中一并告知。

第十二条 环境保护主管部门作出限制生产、停产整治决定的，应当制作责令限制生产决定书或者责令停产整治决定书，也可以在行政处罚决定书中载明。

第十三条 责令限制生产决定书和责令停产整治决定书应当载明下列事项：

（一）排污者的基本情况，包括名称或者姓名、营业执照号码或者居民身份证号码、组织机构代码、地址以及法定代表人或者主要负责人姓名等；

（二）违法事实、证据，以及作出限制生产、停产整治决定的依据；

（三）责令限制生产、停产整治的改正方式、期限；

（四）排污者应当履行的相关义务及申请行政复议或者提起行政诉讼的途径和期限；

（五）环境保护主管部门的名称、印章和决定日期。

第十四条 环境保护主管部门应当自作出限制生产、停产整治决定之日起七个工作日内将决定书送达排污者。

第十五条 限制生产一般不超过三个月；情况复杂的，经本级环境保护主管部门负责人批准，可以延长，但延长期限不得超过三个月。

停产整治的期限，自责令停产整治决定书送达排污者之日起，至停产整治决定解除之日止。

第十六条 排污者应当在收到责令限制生产决定书或者责令停产整治决定书后立即整改，并在十五个工作日内将整改方案报作出决定的环境保护主管部门备案并向社会公开。整改方案应当确定改正措施、工程进度、资金保障和责任人员等事项。

被限制生产的排污者在整改期间，不得超过污染物排放标准或者重点污染物日最高允许排放总量控制指标排放污染物，并按照环境监测技术规范进行监测或者委托有条件的环境监测机构开展监测，保存监测记录。

第十七条 排污者完成整改任务的，应当在十五个工作日内将整改任务完成情况和整改信息社会公开情况，报作出限制生产、停产整治决定的环境保护主管部门备案，并提交监测报告以及整改期间生产用电量、用水量、主要产品产量与整改前的对比情况等材料。限制生产、停产整治决定自排污者报环境保护主管部门备案之日起解除。

第十八条 排污者有下列情形之一的，限制生产、停产整治决定自行终止：

（一）依法被撤销、解散、宣告破产或者因其他原因终止营业的；

（二）被有批准权的人民政府依法责令停业、关闭的。

第十九条 排污者被责令限制生产、停产整治后，环境保护主管部门应当按照相关规定对排污者履行限制生产、停产整治措施的情况实施后督察，并依法进行处理或者处罚。

第二十条 排污者解除限制生产、停产整治后，环境保护主管部门应当在解除之日起三十日内对排污者进行跟踪检查。

第四章 附 则

第二十一条 本办法由国务院环境保护主管部门负责解释。

第二十二条 本办法自 2015 年 1 月 1 日起施行。

环境行政处罚办法

（2010 年 1 月 19 日环境保护部令第 8 号公布 自 2010 年 3 月 1 日起施行）

目 录

第一章 总 则
第二章 实施主体与管辖
第三章 一般程序
第一节 立 案

第二节　调查取证
第三节　案件审查
第四节　告知和听证
第五节　处理决定
第四章　简易程序
第五章　执　　行
第六章　结案和归档
第七章　监　　督
第八章　附　　则

第一章　总　　则

第一条　【立法目的】为规范环境行政处罚的实施，监督和保障环境保护主管部门依法行使职权，维护公共利益和社会秩序，保护公民、法人或者其他组织的合法权益，根据《中华人民共和国行政处罚法》及有关法律、法规，制定本办法。

第二条　【适用范围】公民、法人或者其他组织违反环境保护法律、法规或者规章规定，应当给予环境行政处罚的，应当依照《中华人民共和国行政处罚法》和本办法规定的程序实施。

第三条　【罚教结合】实施环境行政处罚，坚持教育与处罚相结合，服务与管理相结合，引导和教育公民、法人或者其他组织自觉守法。

第四条　【维护合法权益】实施环境行政处罚，应当依法维护公民、法人及其他组织的合法权益，保守相对人的有关技术秘密和商业秘密。

第五条　【查处分离】实施环境行政处罚，实行调查取证与决定处罚分开、决定罚款与收缴罚款分离的规定。

第六条　【规范自由裁量权】行使行政处罚自由裁量权必须符合立法目的，并综合考虑以下情节：

（一）违法行为所造成的环境污染、生态破坏程度及社会影响；

（二）当事人的过错程度；

（三）违法行为的具体方式或者手段；

（四）违法行为危害的具体对象；

（五）当事人是初犯还是再犯；

（六）当事人改正违法行为的态度和所采取的改正措施及效果。

同类违法行为的情节相同或者相似、社会危害程度相当的，行政处罚种类和幅度应当相当。

第七条　【不予处罚情形】违法行为轻微并及时纠正，没有造成危害后果的，不予行政处罚。

第八条　【回避情形】有下列情形之一的，案件承办人员应当回避：

（一）是本案当事人或者当事人近亲属的；

（二）本人或者近亲属与本案有直接利害关系的；

（三）法律、法规或者规章规定的其他回避情形。

符合回避条件的，案件承办人员应当自行回避，当事人也有权申请其回避。

第九条　【法条适用规则】当事人的一个违法行为同时违反两个以上环境法律、法规或者规章条款，应当适用效力等级较高的法律、法规或者规章；效力等级相同的，可以适用处罚较重的条款。

第十条　【处罚种类】根据法律、行政法规和部门规章，环境行政处罚的种类有：

（一）警告；

（二）罚款；

（三）责令停产整顿；

（四）责令停产、停业、关闭；

（五）暂扣、吊销许可证或者其他具有许可性质的证件；

（六）没收违法所得、没收非法财物；

（七）行政拘留；

（八）法律、行政法规设定的其他行政处罚种类。

第十一条　【责令改正与连续违法认定】环境保护主管部门实施行政处罚时，应当及时作出责令当事人改正或者限期改正违法行为的行政命令。

责令改正期限届满，当事人未按要求改正，违法行为仍处于继续或者连续状态的，可以认定为新的环境违法行为。

第十二条　【责令改正形式】根据环境保护法律、行政法规和部门规章，责令改正或者限期改正违法行为的行政命令的具体形式有：

（一）责令停止建设；

（二）责令停止试生产；

（三）责令停止生产或者使用；

（四）责令限期建设配套设施；

（五）责令重新安装使用；

（六）责令限期拆除；

（七）责令停止违法行为；

（八）责令限期治理；

（九）法律、法规或者规章设定的责令改正或者限期改正违法行为的行政命令的其他具体形式。

根据最高人民法院关于行政行为种类和规范行政案件案由的规定，行政命令不属行政处罚。行政命令不适用行政处罚程序的规定。

第十三条　【处罚不免除缴纳排污费义务】实施环境行政处罚，不免除当事人依法缴纳排污费的义务。

第二章　实施主体与管辖

第十四条　【处罚主体】县级以上环境保护主管部门在法定职权范围内实施环境行政处罚。

经法律、行政法规、地方性法规授权的环境监察机构在授权范围内实施环境行政处罚，适用本办法关于环境保护主管部门的规定。

第十五条　【委托处罚】环境保护主管部门可以在其法定职权范围内委托环境监察机构实施行政处罚。受委托的环境监察机构在委托范围内，以委托其处罚的环境保护主管部门名义实施行政处罚。

委托处罚的环境保护主管部门，负责监督受委托的环境监察机构实施行政处罚的行为，并对该行为的后果承担法律责任。

第十六条　【外部移送】发现不属于环境保护主管部门管辖的案件，应当按照有关要求和时限移送有管辖权的机关处理。

涉嫌违法依法应当由人民政府实施责令停产整顿、责令停业、关闭的案件，环境保护主管部门应当立案调查，并提出处理建议报本级人民政府。

涉嫌违法依法应当实施行政拘留的案件，移送公安机关。

涉嫌违反党纪、政纪的案件，移送纪检、监察部门。

涉嫌犯罪的案件，按照《行政执法机关移送涉嫌犯罪案件的规定》等有关规定移送司法机关，不得以行政处罚代替刑事处罚。

第十七条　【案件管辖】县级以上环境保护主管部门管辖本行政区域的环境行政处罚案件。

造成跨行政区域污染的行政处罚案件，由污染行为发生地环境保护主管部门管辖。

第十八条 【优先管辖】两个以上环境保护主管部门都有管辖权的环境行政处罚案件，由最先发现或者最先接到举报的环境保护主管部门管辖。

第十九条 【管辖争议解决】对行政处罚案件的管辖权发生争议时，争议双方应报请共同的上一级环境保护主管部门指定管辖。

第二十条 【指定管辖】下级环境保护主管部门认为其管辖的案件重大、疑难或者实施处罚有困难的，可以报请上一级环境保护主管部门指定管辖。

上一级环境保护主管部门认为下级环境保护主管部门实施处罚确有困难或者不能独立行使处罚权的，经通知下级环境保护主管部门和当事人，可以对下级环境保护主管部门管辖的案件指定管辖。

上级环境保护主管部门可以将其管辖的案件交由有管辖权的下级环境保护主管部门实施行政处罚。

第二十一条 【内部移送】不属于本机关管辖的案件，应当移送有管辖权的环境保护主管部门处理。

受移送的环境保护主管部门对管辖权有异议的，应当报请共同的上一级环境保护主管部门指定管辖，不得再自行移送。

第三章 一般程序

第一节 立 案

第二十二条 【立案条件】环境保护主管部门对涉嫌违反环境保护法律、法规和规章的违法行为，应当进行初步审查，并在 7 个工作日内决定是否立案。

经审查，符合下列四项条件的，予以立案：

（一）有涉嫌违反环境保护法律、法规和规章的行为；

（二）依法应当或者可以给予行政处罚；

（三）属于本机关管辖；

（四）违法行为发生之日起到被发现之日止未超过 2 年，法律另有规定的除外。违法行为处于连续或继续状态的，从行为终了之日起计算。

第二十三条 【撤销立案】对已经立案的案件，根据新情况发现不符合第二十二条立案条件的，应当撤销立案。

第二十四条　【紧急案件先行调查取证】对需要立即查处的环境违法行为，可以先行调查取证，并在7个工作日内决定是否立案和补办立案手续。

第二十五条　【立案审查后的案件移送】经立案审查，属于环境保护主管部门管辖，但不属于本机关管辖范围的，应当移送有管辖权的环境保护主管部门；属于其他有关部门管辖范围的，应当移送其他有关部门。

第二节　调查取证

第二十六条　【专人负责调查取证】环境保护主管部门对登记立案的环境违法行为，应当指定专人负责，及时组织调查取证。

第二十七条　【协助调查取证】需要委托其他环境保护主管部门协助调查取证的，应当出具书面委托调查函。

受委托的环境保护主管部门应当予以协助。无法协助的，应当及时将无法协助的情况和原因函告委托机关。

第二十八条　【调查取证出示证件】调查取证时，调查人员不得少于两人，并应当出示中国环境监察证或者其他行政执法证件。

第二十九条　【调查人员职权】调查人员有权采取下列措施：

（一）进入有关场所进行检查、勘察、取样、录音、拍照、录像；

（二）询问当事人及有关人员，要求其说明相关事项和提供有关材料；

（三）查阅、复制生产记录、排污记录和其他有关材料。

环境保护主管部门组织的环境监测等技术人员随同调查人员进行调查时，有权采取上述措施和进行监测、试验。

第三十条　【调查人员责任】调查人员负有下列责任：

（一）对当事人的基本情况、违法事实、危害后果、违法情节等情况进行全面、客观、及时、公正的调查；

（二）依法收集与案件有关的证据，不得以暴力、威胁、引诱、欺骗以及其他违法手段获取证据；

（三）询问当事人、证人或者其他有关人员，应当告知其依法享有的权利；

（四）对当事人、证人或者其他有关人员的陈述如实记录。

第三十一条　【当事人配合调查】当事人及有关人员应当配合调查、检查或者现场勘验，如实回答询问，不得拒绝、阻碍、隐瞒或者提供虚假情况。

第三十二条　【证据类别】环境行政处罚证据，主要有书证、物证、证人证言、视听资料和计算机数据、当事人陈述、监测报告和其他鉴定结论、现场检查（勘察）笔录等形式。

证据应当符合法律、法规、规章和最高人民法院有关行政执法和行政诉讼证据的规定，并经查证属实才能作为认定事实的依据。

第三十三条　【现场检查笔录】对有关物品或者场所进行检查时，应当制作现场检查（勘察）笔录，可以采取拍照、录像或者其他方式记录现场情况。

第三十四条　【现场检查取样】需要取样的，应当制作取样记录或者将取样过程记入现场检查（勘察）笔录，可以采取拍照、录像或者其他方式记录取样情况。

第三十五条　【监测报告要求】环境保护主管部门组织监测的，应当提出明确具体的监测任务，并要求提交监测报告。

监测报告必须载明下列事项：

（一）监测机构的全称；

（二）监测机构的国家计量认证标志（CMA）和监测字号；

（三）监测项目的名称、委托单位、监测时间、监测点位、监测方法、检测仪器、检测分析结果等内容；

（四）监测报告的编制、审核、签发等人员的签名和监测机构的盖章。

第三十六条　【在线监测数据可为证据】环境保护主管部门可以利用在线监控或者其他技术监控手段收集违法行为证据。经环境保护主管部门认定的有效性数据，可以作为认定违法事实的证据。

第三十七条　【现场监测数据可为证据】环境保护主管部门在对排污单位进行监督检查时，可以现场即时采样，监测结果可以作为判定污染物排放是否超标的证据。

第三十八条　【证据的登记保存】在证据可能灭失或者以后难以取得的情况下，经本机关负责人批准，调查人员可以采取先行登记保存措施。

情况紧急的，调查人员可以先采取登记保存措施，再报请机关负责人批准。

先行登记保存有关证据，应当当场清点，开具清单，由当事人和调查人员签名或者盖章。

先行登记保存期间，不得损毁、销毁或者转移证据。

第三十九条　【登记保存措施与解除】对于先行登记保存的证据，应当在 7 个工作日内采取以下措施：

（一）根据情况及时采取记录、复制、拍照、录像等证据保全措施；

（二）需要鉴定的，送交鉴定；

（三）根据有关法律、法规规定可以查封、暂扣的，决定查封、暂扣；

（四）违法事实不成立，或者违法事实成立但依法不应当查封、暂扣或者没收的，决定解除先行登记保存措施。

超过 7 个工作日未作出处理决定的，先行登记保存措施自动解除。

第四十条　【依法实施查封暂扣】实施查封、暂扣等行政强制措施，应当有法律、法规的明确规定，并应当告知当事人有申请行政复议和提起行政诉讼的权利。

第四十一条　【查封暂扣实施要求】查封、暂扣当事人的财物，应当当场清点，开具清单，由调查人员和当事人签名或者盖章。

查封、暂扣的财物应当妥善保管，严禁动用、调换、损毁或者变卖。

第四十二条　【查封暂扣解除】经查明与违法行为无关或者不再需要采取查封、暂扣措施的，应当解除查封、暂扣措施，将查封、暂扣的财物如数返还当事人，并由调查人员和当事人在财物清单上签名或者盖章。

第四十三条　【当事人与现场调查取证】环境保护主管部门调查取证时，当事人应当到场。

下列情形不影响调查取证的进行：

（一）当事人拒不到场的；

（二）无法找到当事人的；

（三）当事人拒绝签名、盖章或者以其他方式确认的；

（四）暗查或者其他方式调查的；

（五）当事人未到场的其他情形。

第四十四条　【调查终结】有下列情形之一的，可以终结调查：

（一）违法事实清楚、法律手续完备、证据充分的；

（二）违法事实不成立的；

（三）作为当事人的自然人死亡的；

（四）作为当事人的法人或者其他组织终止，无法人或者其他组织承受其权利义务，又无其他关系人可以追查的；

（五）发现不属于本机关管辖的；

（六）其他依法应当终结调查的情形。

第四十五条　【案件移送审查】终结调查的，案件调查机构应当提出已查明违法行为的事实和证据、初步处理意见，按照查处分离的原则送本机关处罚案件审查部门审查。

第三节　案件审查

第四十六条　【案件审查的内容】案件审查的主要内容包括：

（一）本机关是否有管辖权；

（二）违法事实是否清楚；

（三）证据是否确凿；

（四）调查取证是否符合法定程序；

（五）是否超过行政处罚追诉时效；

（六）适用依据和初步处理意见是否合法、适当。

第四十七条　【补充或重新调查取证】违法事实不清、证据不充分或者调查程序违法的，应当退回补充调查取证或者重新调查取证。

第四节　告知和听证

第四十八条　【处罚告知和听证】在作出行政处罚决定前，应当告知当事人有关事实、理由、依据和当事人依法享有的陈述、申辩权利。

在作出暂扣或吊销许可证、较大数额的罚款和没收等重大行政处罚决定之前，应当告知当事人有要求举行听证的权利。

第四十九条　【当事人申辩的处理】环境保护主管部门应当对当事人提出的事实、理由和证据进行复核。当事人提出的事实、理由或者证据成立的，应当予以采纳。

不得因当事人的申辩而加重处罚。

第五十条　【处罚听证的执行】行政处罚听证按有关规定执行。

第五节　处理决定

第五十一条　【处罚决定】本机关负责人经过审查，分别作出如下处理：

（一）违法事实成立，依法应当给予行政处罚的，根据其情节轻重及具体情况，作出行政处罚决定；

（二）违法行为轻微，依法可以不予行政处罚的，不予行政处罚；

（三）符合本办法第十六条情形之一的，移送有权机关处理。

第五十二条　【重大案件集体审议】案情复杂或者对重大违法行为给予较重的行政处罚，环境保护主管部门负责人应当集体审议决定。

集体审议过程应当予以记录。

第五十三条　【处罚决定书的制作】决定给予行政处罚的，应当制作行政处罚决定书。

对同一当事人的两个或者两个以上环境违法行为，可以分别制作行政处罚决定书，也可以列入同一行政处罚决定书。

第五十四条　【处罚决定书的内容】行政处罚决定书应当载明以下内容：

（一）当事人的基本情况，包括当事人姓名或者名称、组织机构代码、营业执照号码、地址等；

（二）违反法律、法规或者规章的事实和证据；

（三）行政处罚的种类、依据和理由；

（四）行政处罚的履行方式和期限；

（五）不服行政处罚决定，申请行政复议或者提起行政诉讼的途径和期限；

（六）作出行政处罚决定的环境保护主管部门名称和作出决定的日期，并且加盖作出行政处罚决定环境保护主管部门的印章。

第五十五条　【作出处罚决定的时限】环境保护行政处罚案件应当自立案之日起的3个月内作出处理决定。案件办理过程中听证、公告、监测、鉴定、送达等时间不计入期限。

第五十六条　【处罚决定的送达】行政处罚决定书应当送达当事人，并根据需要抄送与案件有关的单位和个人。

第五十七条　【送达方式】送达行政处罚文书可以采取直接送达、留置送达、委托送达、邮寄送达、转交送达、公告送达、公证送达或者其他方式。

送达行政处罚文书应当使用送达回证并存档。

第四章　简易程序

第五十八条　【简易程序的适用】违法事实确凿、情节轻微并有法定依据，对公民处以50元以下、对法人或者其他组织处以1000元以下罚款或者警告的行政处罚，可以适用本章简易程序，当场作出行政处罚决定。

第五十九条　【简易程序规定】当场作出行政处罚决定时，环境执法人员不得少于两人，并应遵守下列简易程序：

（一）执法人员应向当事人出示中国环境监察证或者其他行政执法证件；

（二）现场查清当事人的违法事实，并依法取证；

（三）向当事人说明违法的事实、行政处罚的理由和依据、拟给予的行政处罚，告知陈述、申辩权利；

（四）听取当事人的陈述和申辩；

（五）填写预定格式、编有号码、盖有环境保护主管部门印章的行政处罚决定书，由执法人员签名或者盖章，并将行政处罚决定书当场交付当事人；

（六）告知当事人如对当场作出的行政处罚决定不服，可以依法申请行政复议或者提起行政诉讼。

以上过程应当制作笔录。

执法人员当场作出的行政处罚决定，应当在决定之日起 3 个工作日内报所属环境保护主管部门备案。

第五章　执　　行

第六十条　【处罚决定的履行】当事人应当在行政处罚决定书确定的期限内，履行处罚决定。

申请行政复议或者提起行政诉讼的，不停止行政处罚决定的执行。

第六十一条　【强制执行的适用】当事人逾期不申请行政复议、不提起行政诉讼、又不履行处罚决定的，由作出处罚决定的环境保护主管部门申请人民法院强制执行。

第六十二条　【强制执行的期限】申请人民法院强制执行应当符合《最高人民法院关于执行〈中华人民共和国行政诉讼法〉若干问题的解释》的规定，并在下列期限内提起：

（一）行政处罚决定书送达后当事人未申请行政复议且未提起行政诉讼的，在处罚决定书送达之日起 60 日后起算的 180 日内；

（二）复议决定书送达后当事人未提起行政诉讼的，在复议决定书送达之日起 15 日后起算的 180 日内；

（三）第一审行政判决后当事人未提出上诉的，在判决书送达之日起 15 日后起算的 180 日内；

（四）第一审行政裁定后当事人未提出上诉的，在裁定书送达之日起 10 日后起算的 180 日内；

（五）第二审行政判决书送达之日起 180 日内。

第六十三条　【被处罚企业资产重组后的执行】当事人实施违法行为，受到处以罚款、没收违法所得或者没收非法财物等处罚后，发生企业分立、合并或者其他资产重组等情形，由承受当事人权利义务的法人、其他组织作为被执行人。

第六十四条　【延期或者分期缴纳罚款】确有经济困难，需要延期或者分期缴纳罚款的，当事人应当在行政处罚决定书确定的缴纳期限届满前，向作出行政处罚决定的环境保护主管部门提出延期或者分期缴纳的书面申请。

批准当事人延期或者分期缴纳罚款的，应当制作同意延期（分期）缴纳罚款通知书，并送达当事人和收缴罚款的机构。延期或者分期缴纳的最后一期缴纳时间不得晚于申请人民法院强制执行的最后期限。

第六十五条　【没收物品的处理】依法没收的非法财物，应当按照国家规定处理。

销毁物品，应当按照国家有关规定处理；没有规定的，经环境保护主管部门负责人批准，由两名以上环境执法人员监督销毁，并制作销毁记录。

处理物品应当制作清单。

第六十六条　【罚没款上缴国库】罚没款及没收物品的变价款，应当全部上缴国库，任何单位和个人不得截留、私分或者变相私分。

第六章　结案和归档

第六十七条　【结案】有下列情形之一的，应当结案：

（一）行政处罚决定由当事人履行完毕的；

（二）行政处罚决定依法强制执行完毕的；

（三）不予行政处罚等无须执行的；

（四）行政处罚决定被依法撤销的；

（五）环境保护主管部门认为可以结案的其他情形。

第六十八条　【立卷归档】结案的行政处罚案件，应当按照下列要求将案件材料立卷归档：

（一）一案一卷，案卷可以分正卷、副卷；

（二）各类文书齐全，手续完备；

（三）书写文书用签字笔、钢笔或者打印；

（四）案卷装订应当规范有序，符合文档要求。

第六十九条　【归档顺序】正卷按下列顺序装订：

（一）行政处罚决定书及送达回证；

（二）立案审批材料；

（三）调查取证及证据材料；

（四）行政处罚事先告知书、听证告知书、听证通知书等法律文书及送达回证；

（五）听证笔录；

（六）财物处理材料；

（七）执行材料；

（八）结案材料；

（九）其他有关材料。

副卷按下列顺序装订：

（一）投诉、申诉、举报等案源材料；

（二）涉及当事人有关技术秘密和商业秘密的材料；

（三）听证报告；

（四）审查意见；

（五）集体审议记录；

（六）其他有关材料。

第七十条　【案卷管理】案卷归档后，任何单位、个人不得修改、增加、抽取案卷材料。案卷保管及查阅，按档案管理有关规定执行。

第七十一条　【案件统计】环境保护主管部门应当建立行政处罚案件统计制度，并按照环境保护部有关环境统计的规定向上级环境保护主管部门报送本行政区的行政处罚情况。

第七章　监　　督

第七十二条　【信息公开】除涉及国家机密、技术秘密、商业秘密和个人隐私外，行政处罚决定应当向社会公开。

第七十三条　【监督检查】上级环境保护主管部门负责对下级环境保护主管部门的行政处罚工作情况进行监督检查。

第七十四条　【处罚备案】环境保护主管部门应当建立行政处罚备案制度。

下级环境保护主管部门对上级环境保护主管部门督办的处罚案件，应当在结案后 20 日内向上一级环境保护主管部门备案。

第七十五条　【纠正、撤销或变更】环境保护主管部门通过接受当事人的申诉和检举，或者通过备案审查等途径，发现下级环境保护主管部门的行政处罚决定违法或者显失公正的，应当督促其纠正。

环境保护主管部门经过行政复议，发现下级环境保护主管部门作出的行政处罚违法或者显失公正的，依法撤销或者变更。

第七十六条　【评议和表彰】环境保护主管部门可以通过案件评查或者其他方式评议行政处罚工作。对在行政处罚工作中做出显著成绩的单位和个人，可依照国家或者地方的有关规定给予表彰和奖励。

第八章　附　　则

第七十七条　【违法所得的认定】当事人违法所获得的全部收入扣除当事人直接用于经营活动的合理支出，为违法所得。

法律、法规或者规章对“违法所得”的认定另有规定的，从其规定。

第七十八条　【较大数额罚款的界定】本办法第四十八条所称“较大数额”罚款和没收，对公民是指人民币（或者等值物品价值）5000元以上、对法人或者其他组织是指人民币（或者等值物品价值）50000元以上。

地方性法规、地方政府规章对“较大数额”罚款和没收的限额另有规定的，从其规定。

第七十九条　【期间规定】本办法有关期间的规定，除注明工作日（不包含节假日）外，其他期间按自然日计算。

期间开始之日，不计算在内。期间届满的最后一日是节假日的，以节假日后的第一日为期间届满的日期。期间不包括在途时间，行政处罚文书在期满前交邮的，视为在有效期内。

第八十条　【相关法规适用】本办法未作规定的其他事项，适用《行政处罚法》、《罚款决定与罚款收缴分离实施办法》、《环境保护违法违纪行为处分暂行规定》等有关法律、法规和规章的规定。

第八十一条　【核安全处罚适用例外】核安全监督管理的行政处罚，按照国家有关核安全监督管理的规定执行。

第八十二条　【生效日期】本办法自2010年3月1日起施行。

1999年8月6日原国家环境保护总局发布的《环境保护行政处罚办法》同时废止。

行政主管部门移送适用行政拘留环境违法案件暂行办法

（2014年12月24日　公治〔2014〕853号）

第一条　为规范环境违法案件行政拘留的实施，监督和保障职能部门依法行使职权，依据《中华人民共和国环境保护法》（以下简称《环境保护法》）的规定，制定本办法。

第二条　本办法适用于县级以上环境保护主管部门或者其他负有环境保护监督管理职责的部门办理尚不构成犯罪，依法作出行政处罚决定后，仍需要移送公安机关处以行政拘留的案件。

第三条　《环境保护法》第六十三条第一项规定的建设项目未依法进行环境影响评价，被责令停止建设，拒不执行的行为，包括以下情形：

（一）送达责令停止建设决定书后，再次检查发现仍在建设的；

（二）现场检查时虽未建设，但有证据证明在责令停止建设期间仍在建设的；

（三）被责令停止建设后，拒绝、阻扰环境保护主管部门或者其他负有环境保护监督管理职责的部门核查的。

第四条　《环境保护法》第六十三条第二项规定的违反法律规定，未取得排污许可证排放污染物，被责令停止排污，拒不执行的行为，包括以下情形：

（一）送达责令停止排污决定书后，再次检查发现仍在排污的；

（二）现场检查虽未发现当场排污，但有证据证明在被责令停止排污期间有过排污事实的；

（三）被责令停止排污后，拒绝、阻挠环境保护主管部门或者其他具有环境保护管理职责的部门核查的。

第五条　《环境保护法》第六十三条第三项规定的通过暗管、渗井、渗坑、灌注等逃避监管的方式违法排放污染物，是指通过暗管、渗井、渗坑、灌注等不经法定排放口排放污染物等逃避监管的方式违法排放污染物：

暗管是指通过隐蔽的方式达到规避监管目的而设置的排污管道，包括埋入地下的水泥管、瓷管、塑料管等，以及地上的临时排污管道；

渗井、渗坑是指无防渗漏措施或起不到防渗作用的、封闭或半封闭的坑、池、塘、井和沟、渠等；

灌注是指通过高压深井向地下排放污染物。

第六条 《环境保护法》第六十三条第三项规定的通过篡改、伪造监测数据等逃避监管的方式违法排放污染物，是指篡改、伪造用于监控、监测污染物排放的手工及自动监测仪器设备的监测数据，包括以下情形：

（一）违反国家规定，对污染源监控系统进行删除、修改、增加、干扰，或者对污染源监控系统中存储、处理、传输的数据和应用程序进行删除、修改、增加，造成污染源监控系统不能正常运行的；

（二）破坏、损毁监控仪器站房、通讯线路、信息采集传输设备、视频设备、电力设备、空调、风机、采样泵及其它监控设施的，以及破坏、损毁监控设施采样管线，破坏、损毁监控仪器、仪表的；

（三）稀释排放的污染物故意干扰监测数据的；

（四）其他致使监测、监控设施不能正常运行的情形。

第七条 《环境保护法》第六十三条第三项规定的通过不正常运行防治污染设施等逃避监管的方式违法排放污染物，包括以下情形：

（一）将部分或全部污染物不经过处理设施，直接排放的；

（二）非紧急情况下开启污染物处理设施的应急排放阀门，将部分或者全部污染物直接排放的；

（三）将未经处理的污染物从污染物处理设施的中间工序引出直接排放的；

（四）在生产经营或者作业过程中，停止运行污染物处理设施的；

（五）违反操作规程使用污染物处理设施，致使处理设施不能正常发挥处理作用的；

（六）污染物处理设施发生故障后，排污单位不及时或者不按规程进行检查和维修，致使处理设施不能正常发挥处理作用的；

（七）其他不正常运行污染防治设施的情形。

第八条 《环境保护法》第六十三条第四项规定的生产、使用国家明令禁止生产、使用的农药，被责令改正，拒不改正的行为，包括以下情形：

（一）送达责令改正文书后再次检查发现仍在生产、使用的；

（二）无正当理由不及时完成责令改正文书规定的改正要求的；

（三）送达责令改正文书后，拒绝、阻挠环境保护、农业、工业和信息化、质量监督检验检疫等主管部门核查的。

国家明令禁止生产、使用的农药是指法律、行政法规和国家有关部门规章、规范性文件明令禁止生产、使用的农药。

第九条 《环境保护法》第六十三条规定的直接负责的主管人员是指违法行为主要获利者和在生产、经营中有决定权的管理、指挥、组织人员；其他直接责任人员是指直接排放、倾倒、处置污染物或者篡改、伪造监测数据的工作人员等。

第十条 县级以上人民政府环境保护主管部门或者其他负有环境保护监督管理职责的部门向公安机关移送环境违法案件，应当制作案件移送审批单，报经本部门负责人批准。

第十一条 案件移送部门应当向公安机关移送下列案卷材料：

（一）移送材料清单；

（二）案件移送书；

（三）案件调查报告；

（四）涉案证据材料；

（五）涉案物品清单；

（六）行政执法部门的处罚决定等相关材料；

（七）其他有关涉案材料等。

案件移送部门向公安机关移送的案卷材料应当为原件，移送前应当将案卷材料复印备查。案件移送部门对移送材料的真实性、合法性负责。

第十二条 案件移送部门应当在作出移送决定后3日内将案件移送书和案件相关材料移送至同级公安机关；公安机关应当按照《公安机关办理行政案件程序规定》的要求受理。

第十三条 公安机关经审查，认为案件违法事实不清、证据不足的，可以在受案后3日内书面告知案件移送部门补充移送相关证据材料，也可以按照《公安机关办理行政案件程序规定》调查取证。

第十四条 公安机关对移送的案件，认为事实清楚、证据确实充分，依法决定行政拘留的，应当在作出决定之日起3日内将决定书抄送案件移送部门。

第十五条 公安机关对移送的案件，认为事实不清、证据不足，不符合行政拘留条件的，应当在受案后5日内书面告知案件移送部门并说明理由，同时退回案卷材料。案件移送部门收到书面告知及退回的案卷材料后应当依法予以结案。

第十六条 实施行政拘留的环境违法案件案卷原件由公安机关结案归档。案件移送部门应当将行政处罚决定书、送交回执等公安机关制作的文书以及其他证据补充材料复印存档，公安机关应当予以配合。

第十七条 上级环境保护主管部门或者其他负有环境保护监督管理职责的部门负责对下级部门经办案件的稽查，发现下级部门应当移送而未移送的，应当责令移送。

第十八条 当事人不服行政拘留处罚申请行政复议或者提起行政诉讼的，案件移送部门应当协助配合公安机关做好行政复议、行政应诉相关工作。

第十九条 本办法有关期间的规定，均为工作日。

第二十条 本办法自 2015 年 1 月 1 日起施行。

附件： 1. ××（厅）局移送涉嫌环境违法适用行政拘留处罚案件审批表（式样）

2. ××（厅）局涉嫌环境违法适用行政拘留处罚案件移送书（式样）

3. ××（厅）局涉嫌环境违法适用行政拘留处罚案件移送材料清单（式样）

附件 1

××（厅）局移送涉嫌环境违法适用行政拘留处罚案件审批表

单位公章：　　　　　　　　　　　　　　　　审批号：×环拘移〔20××〕年××号

<table>
<tr><td>案　由</td><td colspan="5"></td></tr>
<tr><td>企业名称或其他经营者</td><td colspan="2"></td><td>组织机构代码</td><td colspan="2"></td></tr>
<tr><td>地　址</td><td colspan="3"></td><td>邮政编码</td><td></td></tr>
<tr><td>法　定代表人或负责人</td><td></td><td>有效证件及号码</td><td></td><td>联系电话</td><td></td></tr>
<tr><td>企业主要负责人</td><td></td><td>有效证件及号码</td><td></td><td>联系电话</td><td></td></tr>
<tr><td>调查人员</td><td colspan="2"></td><td>承办部门</td><td colspan="2"></td></tr>
<tr><td>案情简介</td><td colspan="5"></td></tr>
<tr><td>行政拘留处罚移送依据和处理意见</td><td colspan="5">经办人：　　　　年　月　日</td></tr>
<tr><td>部门执法机构意见</td><td colspan="5">年　月　日</td></tr>
<tr><td>部门法制机构意见</td><td colspan="5">年　月　日</td></tr>
<tr><td>（厅）局领导意见</td><td colspan="5">年　月　日</td></tr>
</table>

附件 2

××（厅）局涉嫌环境违法适用行政拘留处罚案件移送书

<table>
<tr><td>案　由</td><td colspan="5"></td></tr>
<tr><td>企业名称或其他经营者</td><td colspan="3"></td><td>组织机构代码</td><td></td></tr>
<tr><td>地　址</td><td colspan="3"></td><td>邮政编码</td><td></td></tr>
<tr><td>法　定代表人或负责人</td><td></td><td>有效证件及号码</td><td></td><td>联系电话</td><td></td></tr>
<tr><td>企业主要负责人</td><td></td><td>有效证件及号码</td><td></td><td>联系电话</td><td></td></tr>
<tr><td>调查人员</td><td colspan="2"></td><td>承办部门</td><td colspan="2"></td></tr>
<tr><td>简要案情</td><td colspan="5"></td></tr>
<tr><td>移送依据</td><td colspan="5">《中华人民共和国环境保护法》第六十三条；
《行政主管部门移送适用行政拘留环境违法案件暂行办法》。</td></tr>
<tr><td>移送建议</td><td colspan="5"></td></tr>
<tr><td colspan="6">经办人（执法证号）：

年　月　日
（行政机关公章）</td></tr>
</table>

附件 3

××（厅）局涉嫌环境违法适用行政拘留处罚案件移送材料清单

案由：

材料名称	数 量	提供部门	备 注

移送部门人员签名（执法证号）

年 月 日

（移送机关盖章）

公安机关签收人签名（警官证号）

年 月 日

（受理机关盖章）

注：本清单一式两份，移送部门和公安机关各存一份。

图书在版编目（CIP）数据

环境行政执法文书样式：制作规范与法律依据 / 法律应用研究中心编 .—北京：中国法制出版社，2021. 11

（行政执法文书实务指南系列）

ISBN 978-7-5216-2286-7

Ⅰ. ①环… Ⅱ. ①法… Ⅲ. ①环境保护法-行政执法-法律文书-范文-中国 Ⅳ. ①D922. 68

中国版本图书馆 CIP 数据核字（2021）第 235912 号

责任编辑 王 熹　　封面设计 李 宁

环境行政执法文书样式：制作规范与法律依据

HUANJING XINGZHENG ZHIFA WENSHU YANGSHI：ZHIZUO GUIFAN YU FALÜ YIJU

编者/法律应用研究中心

经销/新华书店

印刷/三河市紫恒印装有限公司

开本/730 毫米×1030 毫米 16 开　　印张/ 12. 75 字数/ 145 千

版次/2021 年 11 月第 1 版　　2021 年 11 月第 1 次印刷

中国法制出版社出版

书号 ISBN 978-7-5216-2286-7　　定价：49. 00 元

北京市西城区西便门西里甲 16 号西便门办公区

邮政编码：100053　　传真：010-63141852

网址：http：//www. zgfzs. com　　**编辑部电话：010-63141795**

市场营销部电话：010-63141612　　**印务部电话：010-63141606**